会计信息化系列实训教材

企业沙盘模拟实训

赵合喜　主编

电子工业出版社
Publishing House of Electronics Industry
北京 · BEIJING

内 容 简 介

《企业沙盘模拟实训》教材采用畅捷通沙盘，通过引导学生组建模拟企业，认知工商行政管理、质量监督、商业银行、国税地税等企业经营环境和企业管理部、销售部、采购部、生产部、财务部等内设机构及管理岗位职责，使学生通过企业沙盘模拟实训，进一步认知企业的业务流程和决策过程，掌握编制财务报表，分析评价企业经营绩效的方法和技巧，为更好地学习会计信息化课程打下良好的基础。

本教材是会计信息化系列的第一本实训教材，可作为各类职业院校会计、审计、税务、企管、营销等专业学生学习"企业沙盘模拟"等课程的教材，也可作为普通高等学校会计及经管类专业学生学习"企业经营决策沙盘模拟"等课程的教材，还可作为 MBA、MPAcc 的专业实践教材及企业管理人员岗位培训教材。

本书配有电子教学参考资料包，详见前言。

图书在版编目（CIP）数据

企业沙盘模拟实训 / 赵合喜主编. —北京：电子工业出版社，2013.8
会计信息化系列实训教材
ISBN 978-7-121-21045-7

Ⅰ. ①企… Ⅱ. ①赵… Ⅲ. ①企业管理－计算机管理系统－高等学校－教材 Ⅳ. ①F270.7

中国版本图书馆 CIP 数据核字（2013）第 164955 号

策划编辑：徐 玲
责任编辑：徐 玲 特约编辑：张 彬
印　　刷：北京七彩京通数码快印有限公司
装　　订：北京七彩京通数码快印有限公司
出版发行：电子工业出版社
　　　　　北京市海淀区万寿路 173 信箱　　邮编　100036
开　　本：787×1 092　1/16　印张：12.5　字数：320 千字
版　　次：2013 年 8 月第 1 版
印　　次：2025 年 2 月第 16 次印刷
定　　价：26.00 元

凡所购买电子工业出版社图书有缺损问题，请向购买书店调换。若书店售缺，请与本社发行部联系，联系及邮购电话：（010）88254888，88258888。
质量投诉请发邮件至 zlts@phei.com.cn，盗版侵权举报请发邮件至 dbqq@phei.com.cn。
本书咨询联系方式：xuling@phei.com.cn。

前　言

　　会计信息化系列实训教材是专门针对职业院校会计专业及其他经管类专业学生编写的，它紧密结合我国中小型企业会计信息化的应用实践，采用畅捷通沙盘与 T3 软件作为实验平台，以职业资格为导向编排内容，将企业沙盘模拟、会计信息系统、企业供应链管理系统、会计信息化综合实训等课程整合成一个有机的实训课程体系，并在内容上各有侧重，相互配合，有效克服了按学科、专业设置课程体系的弊端，使学生在掌握企业运营基本过程和业务流程的基础上，系统掌握企业的会计信息系统、供应链管理系统的操作方法和技能，以适应企业信息化对会计及其他管理人员综合业务素质的要求。

　　《企业沙盘模拟实训》是会计信息化系列的第一本实训教材，它在内容设计上采用行为导向教学方法，综合应用角色扮演、项目教学、头脑风暴、小组讨论等教学方式，使学生通过企业沙盘模拟实训，认知工商行政管理、质量监督、商业银行、国税地税等企业经营环境和创办企业的程序，认知企业管理部、销售部、采购部、生产部、财务部等内设机构和管理岗位职责，认知企业主要业务流程和决策过程，掌握编制财务报表、分析评价企业经营绩效的方法和技巧，让学生全面模拟企业注册登记、生产经营、绩效评价、企业清算的全过程，为更好地学习会计信息化其他课程打下良好的基础。

　　本教材以职业资格为导向，按企业管理岗位（群）所需要的知识、技能要求编写，所以能够满足学生实训要求。为适应目前流行的多种教学沙盘的教学需求及不同层次和应用方向的培养要求，本教材通过科学设计沙盘模拟企业运营表和设置多样化的运营规则，使教师有针对性地构建开放性的企业沙盘模拟课程体系，大大增强了教材的适用范围。

　　本教材具有广泛的适应性，可以作为各类职业院校会计、财管、审计、税务、企管、营销等专业学生学习企业沙盘模拟实训等课程的教材，也可以作为普通高等学校经济管理类专业学生学习企业经营决策沙盘模拟等课程的教材，还可作为 MBA、MPAcc 的专业实践教材及企业管理人员的岗位培训教材。

　　本教材由东北财经大学的赵合喜副教授担任主编。参与本教材编写的还有余珏、杨丽、易明倩。

　　在本教材的编写过程中，得到了东北财经大学等单位的大力支持，畅捷通信息技术股

份有限公司为本教材的编写提供了教学软件，陈江北先生提供了软件技术指导，在此一并表示衷心的感谢。

为了方便教师教学，本书还配有教学指南、电子教案和习题答案。请有此需要的教师登录华信教育资源网（www.hxedu.com.cn）免费注册后再进行下载，有问题时请在网站留言板上留言或与电子工业出版社联系（E-mail:hxedu@phei.com.cn）。

由于编者受时间和水平所限，书中难免会有错误和不妥之处，敬请专家和读者不吝指正。

编 者

目　录

第1单元　组建模拟企业 ··· 1

  1.1　注册模拟企业 ··· 2

    1.1.1　注册模拟企业的基本流程 ·· 2

    1.1.2　办理模拟企业工商登记 ·· 3

    1.1.3　刻制模拟企业公章 ··· 3

    1.1.4　办理模拟企业组织机构代码证书 ····································· 4

    1.1.5　开立银行结算账户 ··· 4

    1.1.6　办理模拟企业税务登记 ·· 4

  1.2　设置管理机构与岗位 ·· 5

    1.2.1　企业基本业务流程 ··· 6

    1.2.2　设置企业管理机构 ··· 7

    1.2.3　设置企业管理岗位 ··· 7

    1.2.4　企业管理岗位职责 ··· 8

  1.3　招聘管理人员 ··· 10

    1.3.1　发布招聘广告 ·· 10

    1.3.2　模拟招聘活动 ·· 10

    1.3.3　组建管理团队 ·· 11

  复习思考题 ·· 11

第2单元　模拟企业的市场环境 ··· 12

  2.1　总体的市场环境 ·· 12

  2.2　本地市场 ··· 13

    2.2.1　本地市场产品需求量预测 ·· 13

    2.2.2　本地市场产品价格预测 ··· 14

    2.2.3　本地市场产品认证预测 ··· 14

  2.3　区域市场 ··· 14

    2.3.1　区域市场产品需求量预测 ·· 15

    2.3.2　区域市场产品价格预测 ··· 15

    2.3.3　区域市场产品认证预测 ··· 15

  2.4　国内市场 ··· 15

2.4.1 国内市场产品需求量预测 ································· 16

2.4.2 国内市场产品价格预测 ································· 16

2.4.3 国内市场产品认证预测 ································· 16

2.5 亚洲市场 ································· 17

2.5.1 亚洲市场产品需求量预测 ································· 17

2.5.2 亚洲市场产品价格预测 ································· 17

2.5.3 亚洲市场产品认证预测 ································· 18

2.6 国际市场 ································· 18

2.6.1 国际市场产品需求量预测 ································· 18

2.6.2 国际市场产品价格预测 ································· 18

2.6.3 国际市场产品认证预测 ································· 19

复习思考题 ································· 19

第3单元 模拟企业的运营规则 ································· 20

3.1 市场划分与开拓 ································· 21

3.2 市场竞单规则与产品营销 ································· 22

3.2.1 市场预测与竞争对手分析 ································· 22

3.2.2 广告费的投放 ································· 22

3.2.3 订单要素与订单类别 ································· 23

3.2.4 订货会选单规则 ································· 24

3.2.5 对订单违约的处罚 ································· 26

3.2.6 模拟企业间交易规则 ································· 26

3.3 产品研发与质量认证 ································· 27

3.3.1 产品研发规则 ································· 27

3.3.2 ISO 认证规则 ································· 27

3.4 固定资产投资与变卖 ································· 28

3.4.1 厂房（土地与建筑物）投资与变卖 ································· 28

3.4.2 生产线投资与变卖 ································· 29

3.5 原材料采购与产品生产 ································· 31

3.5.1 原材料采购 ································· 31

3.5.2 产品生产 ································· 31

3.6 融资贷款与贴现 ································· 32

3.7 企业破产与清算 ································· 34

3.7.1 企业破产规则 ································· 34

3.7.2 企业清算规则 ································· 34

3.8 模拟企业的绩效评价规则 ································· 34

复习思考题 ································· 36

第 4 单元　在模拟企业实习 37

　4.1　初识沙盘 38

　4.2　企业初始状态设置 40

　　4.2.1　物流中心的初始状态 40

　　4.2.2　生产中心的初始状态 40

　　4.2.3　财务中心的初始状态 41

　　4.2.4　营销与规划中心的初始状态 42

　　4.2.5　企业初始状态的价值呈现 42

　4.3　年初业务 44

　4.4　年中业务 48

　4.5　年末业务 54

　4.6　编制财务报表 55

　　4.6.1　编制产品销售核算统计表 55

　　4.6.2　编制综合费用明细表 55

　　4.6.3　编制利润表 56

　　4.6.4　编制资产负债表 57

　复习思考题 58

第 5 单元　模拟企业实训 59

　5.1　制定企业发展战略 60

　　5.1.1　企业战略的含义 60

　　5.1.2　企业战略的特征 60

　　5.1.3　企业战略的构成要素 61

　　5.1.4　企业战略的实施步骤 62

　5.2　企业战略定位 63

　　5.2.1　准确分析企业环境 63

　　5.2.2　客观进行企业战略定位 65

　　5.2.3　科学选择企业赢利模式 66

　5.3　编制企业业务计划 67

　　5.3.1　根据企业选择战略编制业务计划 68

　　5.3.2　编制企业年度营销计划 69

　　5.3.3　企业产销协调与编制生产、采购计划 71

　　5.3.4　编制企业资金预算计划 74

　5.4　模拟企业经营成果分析与绩效评价 76

　　5.4.1　模拟企业销售绩效分析与评价 76

　　5.4.2　企业产品成本费用分析 78

　　5.4.3　企业杜邦分析与评价 79

　　5.4.4　企业财务分析与评价 80

    5.4.5　模拟企业年度总结、分析与评价 ··· 83

复习思考题 ··· 86

企业沙盘模拟实训附表 ··· 87

  附表 A　模拟企业市场广告竞单表 ··· 87

  附表 B　模拟企业运营记录表 ··· 91

  附表 C　模拟企业生产计划与采购计划表 ··· 145

  附表 D　模拟企业资金预算计划表 ··· 153

  附表 E　模拟企业年度经营绩效评价表 ·· 171

  附表 F　模拟企业经营绩效综合评价表 ·· 189

第1单元

组建模拟企业

 学习目标

- 了解注册模拟企业的全过程，掌握企业设立登记、办理组织代码证书、制作企业印鉴、开立银行账户、办理企业纳税登记等流程，认知工商局、质监局、公安局、商业银行、国税局、地税局等外部机构及管理服务内容。
- 了解企业内部管理机构与职位设置，指导学生应聘管理岗位，完成组建模拟企业的操作。

 引导案例

赵强是滨海市某理工大学的应届毕业生，他在校期间聪明好学，动手能力和创新意识极强，上大三时就发明了具有市场发展潜力的 P1 产品，并申请了专利。滨海市科技局和高新技术园区管委会组织专家对该产品的市场发展前景进行了初步论证，认为 P1 产品具有一定的科技含量，建议将赵强发明的 P1 产品引入高新技术园区孵化中心进行孵化，同时可以借鉴 P1 专利产品技术启动 P2、P3、P4 新产品研发项目，从而形成 P 系列产品。

经过一年的孵化，赵强发明的 P1 产品在滨海市政府的政策支持下开始批量生产，并在本地市场成功地进行了产品推广，深受客户喜爱，P1 产品也因此开始在本地市场具有了一定知名度。面对逐渐明朗的市场前景，高新技术园区管委会决定扶持赵强组建企业，逐步实现 P 系列产品产业化，将 P 系列产品推向区域市场、国内市场、亚洲市场、国际市场，使滨海市高新技术园区成为 P 系列产品的研发、生产基地。

根据赵强和高新技术园区管委会达成的协议：将组建的生产 P 系列产品的企业采用有限责任公司形式，注册资本为人民币 5 000 万元，其中高新技术园区将向该企业投入一座厂房（经评估价值为 4 000 万元，能容纳 6 条 P 系列产品生产线），以固定资产入股并占80%的股份，赵强的 P1 专利技术及生产线经评估价值为 1 000 万元，以专利技术入股并占20%的股份，高新技术园区管委会还动用高新技术产业扶持贷款 4 000 万元作为企业的启动资金。即将组建的生产 P 系列产品的企业资产负债情况如表 1-1 所示。

表 1-1 资产负债情况一览表

单位：百万元（M）

资　产	期　初　数	期　末　数	负债和所有者权益	期　初　数	期　末　数
现金	40		长期负债	40	
土地和建筑物	40				
机器与设备	10		股东资本	50	
资产总计	90		负债和所有者权益总计	90	

根据赵强和高新技术园区管委会达成的协议：新组建的生产 P 系列产品的企业董事长由赵强担任，高新技术园区创新企业集团财务总监欧阳科担任公司监事，总经理及管理团队将面向社会进行招聘，在管理团队到达之前，决定先由赵强负责组建企业事务，赵强由此踏上了组建企业的征程。

1.1 注册模拟企业

1.1.1 注册模拟企业的基本流程

赵强在高新技术园区管委会办公室主任的陪同下，来到滨海市行政审批中心，在企业注册大厅入口处，他看到了一张注册企业的基本流程图，如图 1-1 所示。

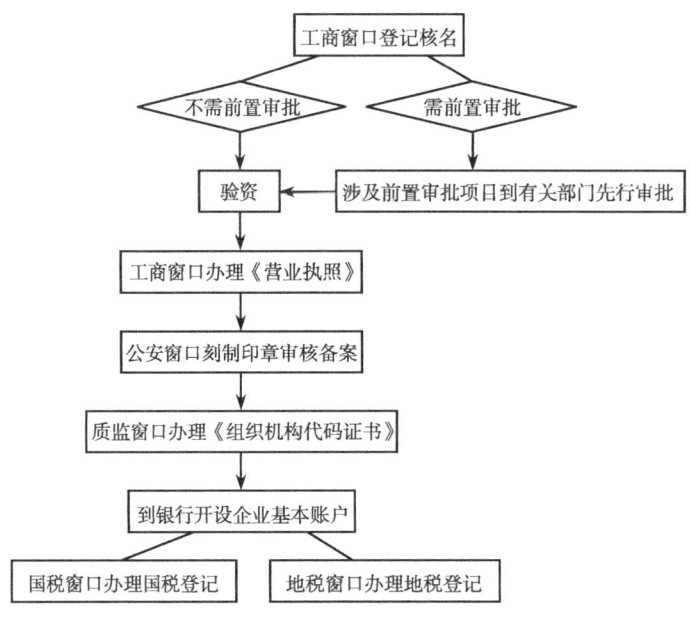

图 1-1 注册企业的基本流程图

赵强带着注册企业所需的公司章程、会计师事务所出具的验资报告及其他审批手续，开始在各个窗口依次办理企业工商登记、办理企业组织机构代码证书、到银行开立资金账户、税务登记等手续。

1.1.2 办理模拟企业工商登记

1. 概述

办理企业工商登记是整个企业注册过程的首要环节，它是依据《中华人民共和国公司法》、《中华人民共和国公司登记管理条例》等法律法规对企业的基本情况及生产经营项目进行登记管理的一项基本制度，这也是企业已经纳入工商行政管理机关监督管理的一项证明。

2. 办理企业工商登记需要提供的材料

由于新组建的企业采用有限责任公司形式，所以新企业设立登记需要提交以下材料。

① 公司法定代表人签署的《公司设立登记申请书》；

② 全体股东签署的《指定代表或者共同委托代理人的证明》；

③ 全体股东签署的公司章程；

④ 依法设立的验资机构出具的验资证明；

⑤ 股东的主体资格证明或者自然人身份证明复印件；

⑥ 股东首次出资是非货币财产的，提交已办理财产权转移手续的证明文件；

⑦ 董事、监事和经理的任职文件及身份证明复印件；

⑧ 法定代表人任职文件及身份证明复印件；

⑨ 公司住所使用证明；

⑩《企业名称预先核准通知书》；

⑪ 法律、法规规定必须报经审批或公司申请的经营范围中有法律、法规规定必须报经审批的，应提交有关部门批准文件或许可证；

⑫ 登记主管机关要求提交的其他有关文件、证件。

以上各项文件未注明提交复印件的，应当提交原件；提交复印件的，应当注明"与原件一致"并由股东加盖公章或签字。

3. 工商行政管理机关对申请材料审核并颁发营业执照

滨海市工商行政管理局依法受理了赵强提交的公司设立登记申请材料并对其材料进行了审查，审查内容包括：申请材料是否齐全、是否符合法定形式。

在通过审查核实程序之后，滨海市工商行政管理局依法作出了准予登记的决定，并于10日后向赵强颁发了工商企业营业执照，这就标志着生产 P 系列产品的企业——华鑫科技有限责任公司（以下简称华鑫公司）已经正式诞生了。

1.1.3 刻制模拟企业公章

赵强在拿到工商企业营业执照后，专程来到滨海市行政审批中心技术公安局窗口办理刻章及备案手续，在公安局刻制了公司公章、财务专用章、合同专用章和法定代表人印章，这些印章都是接下来要办理组织机构代码证书、银行开户、税务登记、发票领取等所必需的。

1.1.4 办理模拟企业组织机构代码证书

新办企业要真正开始经营，还需要办理许多相关手续。赵强在拿到工商企业营业执照和公司印鉴后，第二天又来到滨海市技术监督局办理组织机构代码证书。组织机构代码证书是企业的"身份证"，也是企业办理后续手续所必需的。

组织机构代码证书在滨海市行政审批中心技术监督局窗口办理，所需材料为营业执照副本原件、营业执照副本复印件、企业法定代表人身份证复印件和公章。参照范例填写登记表，按规定签字，然后缴纳证书费用（正本、副本、IC 卡共计 30 元），5 个工作日后赵强领取了组织机构代码证书（包括正本、副本和 IC 卡）。

1.1.5 开立银行结算账户

1. 概述

银行结算账户是指存款人在经办银行开立的办理资金收付结算的人民币活期存款账户。银行结算账户按其存款人不同分为单位银行结算账户和个人银行结算账户。赵强要到银行办理的是单位银行结算账户。单位银行结算账户按用途不同分为基本存款账户、一般存款账户、专用存款账户和临时存款账户。

2. 银行结算账户的开户程序

赵强来到中国人民银行滨海银行开立单位银行结算账户，首先按开户要求填制开户申请书，并提交工商企业营业执照、组织机构代码证书等有关的证明文件，其后银行对存款人的开户申请及填写的事项和证明文件的真实性、完整性和合规性进行认真审查。

由于赵强填写的开户申请书事项齐全，符合开立结算账户条件，中国人民银行滨海银行给赵强出具了开户许可证。开户许可证是记载单位银行结算账户信息的有效证明，企业必须按规定使用，并妥善保管。

按照有关规定，开户银行还与华鑫公司签订了银行结算账户管理协议，明确了双方的权利与义务。之后滨海银行还为企业建立了存款人预留签章卡片，并将签章式样和有关证明文件的原件或复印件留存归档。

1.1.6 办理模拟企业税务登记

1. 概述

税务登记又称纳税登记，是税务机关对纳税人实施税收管理的首要环节和基础工作，是征纳双方法律关系成立的依据和证明，也是纳税人必须依法履行的义务。

根据《中华人民共和国税收征收管理法》及其实施细则的规定，各类企业、企业在外地设立的分支机构和从事生产、经营的场所，个体工商户和从事生产、经营的事业单位，应自领取营业执照之日起 30 日内，持有关证件，向所在地税务机关申报办理税务登记。

税务机关依法对纳税人的生产经营活动进行登记管理，有利于了解纳税人的基本情况，掌握税源，加强征收与管理，防止漏管漏征；同时通过建立税务机关与纳税人之间正常的工作联系，强化税收政策和法规的宣传，增强纳税意识等。

2．办理企业税务登记的程序

赵强携带华鑫公司的工商企业营业执照、组织机构代码证书、开户许可证等副本原件先到滨海市国家税务局及其在滨海市人民政府行政审批中心所设窗口进行咨询，详细说明了本企业的企业类型（工业）和经营项目，并在向国税局工作人员咨询后领取了税务登记表。

新设立的企业纳税人申请办理税务登记的工作流程如下。

（1）申请

企业纳税人在《中华人民共和国税收征收管理法》及其《实施细则》规定的期限内，向国税机关提交办理税务登记所需的资料，具体如下。

① 营业执照及工商登记表或其他核准执业登记表及复印件；

② 有关机关、部门批准设立的文件及复印件；

③ 有关合同、章程、协议书及复印件；

④ 法定代表人和董事会成员名单；

⑤ 法定代表人（负责人）居民身份证、护照等证明身份的合法证件及复印件；

⑥ 组织机构代码证书及复印件；

⑦ 纳税人的关联企业的名单、相关关系及地址；

⑧ 房地产权属证明文件和房屋土地租赁合同及复印件；

⑨ 办理税务登记的书面申请打印件两份（要求包括营业执照上的各项内容）；

⑩ 主管国税机关需要的其他资料、证件。

（2）受理与批复

滨海市国家税务局工作人员在审核赵强所交的登记表后，认为其税务登记项目齐全，确认华鑫公司为准予登记的纳税人，并发给赵强一张领取税务登记证的通知单，批准申请纳税人到企业所在地高新园区国税局办理具体的税务登记手续并领取税务登记证书（包括正本和副本）。与此同时，赵强还根据企业经营范围补齐了地税的相关手续。

回到公司，赵强把领回来的企业工商营业执照正本、企业组织机构代码证书正本、税务登记证书正本一一装入镜框，悬挂在公司营业场所的明显位置。至此，赵强完成了新企业的注册工作，下一步就要开始招兵买马，考虑企业内设机构与岗位、人员招聘及培训工作。

1.2 设置管理机构与岗位

企业作为以赢利为目的独立从事产品生产、销售、服务活动的经济组织，其运行过程需要采用一定的组织形式，只有设置相应的管理机构和岗位，才能将企业的战略管理、市场营销、原材料采购、产品生产、财务管理等经营管理环节有机组织起来，实现物流、资金流、信息流的协同管理，优化人、财、物等资源要素配置，最终实现企业的经营目标。

在企业的生产经营过程中，企业采用什么样的组织形式，设置什么样的管理机构和岗位，主要由企业所生产产品或提供服务的特性决定，也就是说，由企业的基本业务流程决定。

1.2.1 企业基本业务流程

华鑫公司是一家典型的离散型制造类企业，其基本的业务流程如图 1-2 所示。

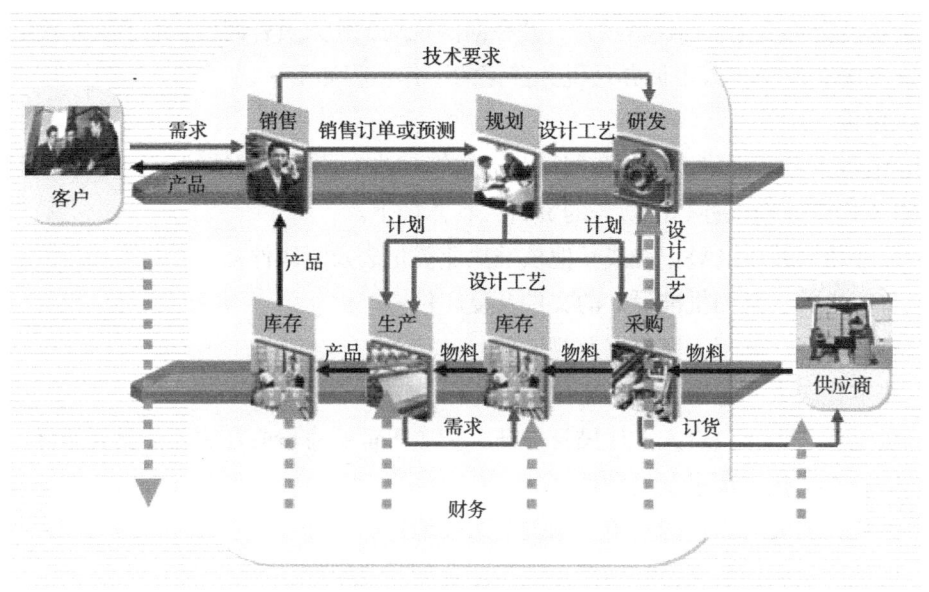

图 1-2 企业基本的业务流程图

通过图 1-2 可以看出，企业基本的业务流程如下。

1．信息流系统

客户将产品需求以销售订单方式传递给市场营销部，对于老产品，由市场营销部查看成品库存，库存产品充足，则销售产品；库存产品不足，则将短缺产品品种与数量通知生产部，将销售订单转为生产订单。之后生产部根据生产订单提出物料需求计划并转给采购部，采购部对照原材料和物料需求计划形成采购订单，向原材料供应商订货。

对于新产品，则由市场营销部与产品研发部协调决定新产品研发的品种与技术规格，产品研发部将研发的工艺数据转给生产部，以组织新产品生产。

2．物流系统

采购部根据采购订单对所采购的原材料办理入库验货手续，而生产部则办理领料手续领料生产，生产完工办理成品入库手续，销售部办理销售和产品出库手续。

3．资金流系统

财务部根据采购订单和原材料入库单支付原材料采购资金，根据生产订单、领料单、成品入库单支付加工费并计算产品成本，根据销售订单和产品出库单回收销售货款。

通过企业基本的业务流程可以看出，企业的业务流程只有靠企业各职能部门的协同才能完成。企业经营决策与管理过程，就是各职能部门协同工作实现企业经营目标的过程。企业基本的业务流程既是企业设置管理机构和岗位的依据，也是企业设置管理机构和岗位的出发点。

1.2.2　设置企业管理机构

根据有限责任公司的基本组织架构和企业的基本业务流程，新组建的生产 P 系列产品的高新技术企业决定根据职能制组织架构设置企业的管理机构，如图 1-3 所示。

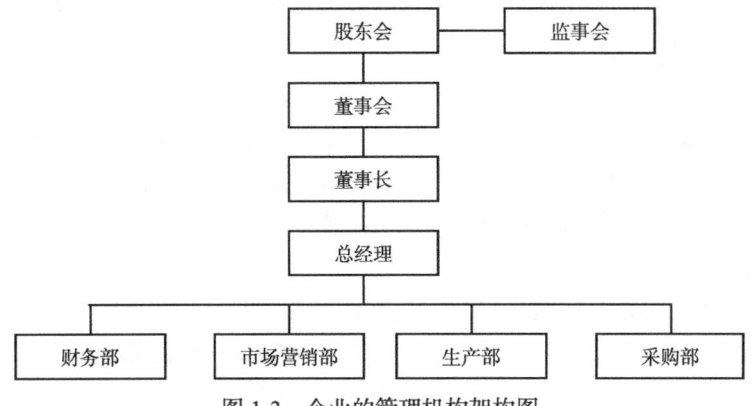

图 1-3　企业的管理机构架构图

华鑫公司采用职能制组织架构适应了 P 系列产品生产技术复杂、管理精细的特点，便于集中领导、统一指挥。

1.2.3　设置企业管理岗位

根据新组建的生产 P 系列产品的高新技术企业职能制管理架构，设置企业的管理岗位，如图 1-4 所示。

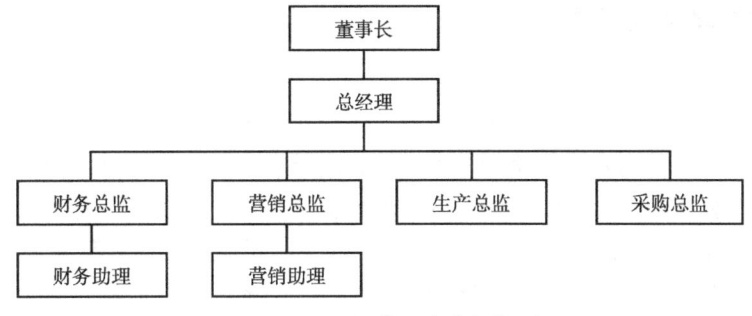

图 1-4　企业的管理岗位架构图

根据图 1-4 所示，对企业设置的管理岗位描述如下。

（1）董事长

董事长（Chairman of the Board）是公司的法定代表人，负责主持公司股东会，召集和主持公司董事会会议，选聘总经理及任命各部门经理，定期听取总经理述职并向公司董事会报告。

（2）总经理

总经理（General Manager，GM）是经营管理团队的首脑人物，负责主持企业日常生产经营活动，定期向董事长及公司董事会报告公司经营业绩。

（3）财务总监

财务总监（Chief Financial Officer，CFO）全面负责公司财务工作，负责编制财务预算、公司投资/融资计划，定期向董事长及公司董事会报告并提交公司年度财务报告。

（4）财务助理

财务助理（Financial Assistant，FA）协助财务总监做好公司现金收支管理工作，负责日常账务管理并编制公司年度财务报告。

（5）营销总监

营销总监（Chief Marketing Officer，CMO）全面负责市场营销工作，负责制定公司市场战略规划及产品营销方案，确定公司广告费投放策略、代表公司出席每年度的客户订货会并选取订单，负责公司产品销售及货款回收工作。

（6）营销助理

营销助理（Marketing Assistant，MA）协助营销总监做好公司销售工作，登记销售订单及日常销货业务管理；同时兼任公司信息主管（Chief Information Officer，CIO）工作主要负责收集市场信息，掌握竞争对手的生产、销售、库存状况。

（7）生产总监

生产总监（Chief Production Director，CPD）全面负责公司生产业务管理工作，编制并实施生产计划，编制厂房及生产线等固定资产投资计划并进行可行性论证。

（8）采购总监

采购总监（Chief Purchasing Officer，CPO）全面负责公司原材料采购及库存管理工作，根据采购订单向财务部提交采购资金需求计划。

1.2.4 企业管理岗位职责

（1）董事长岗位职责

公司实行董事会领导下的总经理负责制，董事长系公司法定代表人，主持公司股东会和董事会，决定有关公司发展战略的重大事项；向董事会提请任免总经理，任命公司各部门经理，主持对公司经营管理团队的年度绩效考核与奖惩；定期审核公司管理团队提出的有关企业发展战略、经营目标、市场开拓、产品研发、固定资产购置等重大投资/融资项目汇报；代表公司签署有关对外文件，接受政府有关部门的检查、监督；向股东会、董事会定期报告工作，回复股东对公司经营管理提出的质询。

（2）总经理岗位职责

公司实行董事会领导下的总经理负责制，总经理系公司经营管理团队的首脑，负责主持公司日常生产经营活动，主持公司生产经营会议；向董事长提请任免公司各部门经理，主持对公司各部门经理的年度绩效考核与奖惩；负责制定公司总体发展战略，确定年度经营方案，编制市场开拓、产品研发、ISO 认证等战略投资方案，决定购置固定资产等投资/融资项目；负责协调公司各部门有关产品销售、生产、原材料采购、固定资产投资/融资等业务，对公司生产经营业务决策具有最终决定权；负责签署有关产品委托加工协议，协调公司对外关系；向董事会及董事长定期报告工作，回复董事长对公司重大决策提出的质询。

（3）财务总监岗位职责

财务总监是公司财务负责人，全面负责公司财务工作，编制公司生产经营财务预算表，调度与管理公司日常资金，公司重大项目投资/融资管理；制定公司整体财务战略，参与审核市场开拓、产品研发、ISO 认证及固定资产等重大投资/融资项目的可行性论证，协助总经理对重大投资/融资项目进行决策和风险评估；负责公司产品成本费用管理与控制，负责公司年度财务分析并从财务角度对各部门进行绩效评价；定期向公司总经理或董事长提交公司年度财务报告。

（4）财务助理岗位职责

财务助理是财务总监的助手，协助财务总监做好公司财务工作，负责日常账务管理（主要是记账登账），负责编制公司年度财务报告；协助财务总监做好公司各项资金调度与支付工作，协助生产部做好生产线折旧计提工作，及时向税务部门报税并支付税款。

（5）营销总监岗位职责

营销总监是公司产品营销负责人，主要负责公司日常营销工作，代表公司参加客户订货会，并负责选取、登记订单，按订单销货并回收货款，代表公司与其他企业进行委托加工产品谈判并签订相关协议；负责市场调查分析，制定市场发展战略规划和营销计划，编制各年度广告费投入方案；协助总经理做好市场开拓、产品研发、ISO 认证及产品生产等重大决策工作；负责公司产品销售费用管理与控制，负责对公司市场营销业绩进行分析和评价。定期向公司总经理或董事长提交公司年度销售工作报告。

（6）营销助理岗位职责

营销助理是营销总监的助手，主要协助营销总监进行市场预测，制定市场战略规划和营销方案；协助营销总监确定广告投放策略，负责登记销售订单并进行日常销货管理，保证按时回收货款；兼任公司信息主管工作，负责收集市场预测信息，掌握竞争对手的生产、销售、库存状况，为营销决策提供信息支持。

（7）生产总监岗位职责

生产总监是公司产品生产的负责人，全面负责公司生产业务管理，负责编制生产计划和固定资产投资计划；协助总经理进行产品研发与 ISO 认证工作；根据销售订单编制生产订单、物料需求计划，做好采购、生产、销售各环节的衔接、平衡，按时提交生产资金需求计划；根据生产订单和产能计划，编制固定资产投资计划并进行可行性论证，协助总经理进行固定资产投资决策；负责公司生产成本费用管理与控制，定期进行生产绩效分析、评价，向公司总经理或董事长提交公司年度生产工作报告。

（8）采购总监岗位职责

采购总监作为公司采购负责人，全面负责公司原材料采购工作，根据生产订单编制原材料采购订单，代表公司与供应商签订原材料供应协议；采用供应链管理模式，主动与市场营销部、生产部协调，做好采购、生产、销售各环节的衔接、平衡工作，做好原材料到货验收与仓库管理工作，实现原材料零库存管理；负责公司原材料采购成本费用管理与控制，定期进行采购绩效分析评价，向公司总经理或董事长提交公司年度采购工作报告。

1.3 招聘管理人员

1.3.1 发布招聘广告

赵强在完成企业管理机构与岗位设置方案后，在滨海市高新园区管委会人力资源服务中心的协助下，面向社会发布招聘广告，如图 1-5 所示，拟招聘 6~8 名公司高级管理人员。

招聘广告

滨海市华鑫科技有限责任公司是一家位于滨海市高新园区新组建的生产 P 系列产品的生产型企业，基于公司业务发展的需要，现委托滨海市高新园区人力资源服务中心面向社会招聘 7 名公司高级管理人员，具体招聘事项如下：

一、招聘职位

1. 总经理 1 名
2. 财务总监 1 名
3. 财务助理 1 名
4. 营销总监 1 名
5. 营销助理 1 名
6. 生产总监 1 名
7. 采购总监 1 名

二、事业发展前景

P 系列产品是极具市场发展潜力的高新技术产品，其中 P1 产品是华鑫科技有限公司董事长赵强先生发明的专利产品，目前已实现批量生产并投放滨海市场，深受客户喜爱。为适应公司进一步发展的需要，特向社会招聘管理精英组成管理团队，管理团队的任务如下：

1. 在 P1 产品的基础上，新管理团队将要继续研发 P2、P3、P4 新产品，使之形成 P 系列产品，以科技优势巩固公司的竞争地位。
2. 公司目前采用的是手工和半自动生产线，新管理团队将采用全自动与柔性生产线，使公司的生产效率大幅度提高。
3. 公司目前的产品销售仅局限于本地市场，新管理团队将开拓区域市场、国内市场、亚洲市场和国际市场，使公司的产品销售额大幅度提高。

三、薪酬待遇

华鑫科技有限公司将每年为新招聘的管理团队提供 400 万元的固定年薪，除此之外，还为招聘的管理团队设置了股权奖励计划，以起始年（第 0 年）的企业所有者权益作为基数，从管理团队接手企业至企业终结清算为止，超出基数部分的所有者权益将作为整个管理团队的股权奖励分红。

四、联系方式

1. 联系地址：滨海市高新园区火炬路 1 号人力资源服务中心大厦 201 室
2. 邮政编码：116000
3. 联系人：王薪小姐
4. 联系电话：0411-88881234

欢迎各位管理精英加盟华鑫，实现您的人生梦想！

图 1-5 招聘广告

1.3.2 模拟招聘活动

参加企业沙盘模拟课程学习的学生可分为 6 个组别，每组 6~7 人，分别组成 6 个管理团队参加模拟招聘活动，参加模拟招聘活动的学生首先做自我介绍，根据个人职业兴趣和职业能力选择应聘岗位，然后发表竞聘演说，经过协商确定每个应聘者的管理职位，组成相应的管理团队。

1.3.3　组建管理团队

每个参加模拟招聘活动的学生按应聘的管理职位，将个人姓名、应聘的管理职位、联系方式等信息填写到表 1-2 中，正式组成企业的管理团队。

表 1-2　模拟企业管理岗位设置与人员分工表

员 工 编 号	员 工 姓 名	管 理 岗 位	联 系 电 话
002		总经理	
003		财务总监	
004		财务助理	
005		营销总监	
006		营销助理	
007		生产总监	
008		采购总监	

说明：

董事长赵强的职位角色将由教师来扮演，员工编号为 001。

各组人数可能不同，如果每组人数不足 7 人，可合并管理职位，撤销财务助理和营销助理职位。当每组人数超过 7 人时，可增设总经理助理或生产助理等职位。

 复习思考题

1. 试述注册模拟企业的主要流程。
2. 试述与注册模拟企业相关的政府机构、服务机构的主要管理职责。
3. 模拟企业有哪些内部管理机构？试述模拟企业的主要管理岗位及职责。
4. 根据个人的兴趣和能力，描述一下竞聘模拟企业管理岗位的条件和理由。

第 2 单元

模拟企业的市场环境

 学习目标

- 了解模拟企业所处的市场环境，掌握本地、区域、国内、亚洲、国际市场 P 系列产品在需求量、价格上的信息分析技巧。
- 了解模拟企业在 ISO 认证方面的基本知识，掌握模拟企业在未来市场环境中的 ISO 认证需求分析方法。

引导案例

早在赵强创办华鑫公司之前，滨海市科技局和高新技术园区管委会就组织专家对 P 系列产品的市场发展前景进行了初步调研与论证，认为 P1 产品具有一定的科技含量，建议将赵强发明的 P1 产品引入高新技术园区孵化中心进行孵化，同时可以借鉴 P1 专利产品技术启动 P2、P3、P4 新产品研发项目，从而形成 P 系列产品，逐步实现 P 系列产品生产的产业化。

为了推进 P 系列产品生产的产业化，滨海市政府委托国内权威的市场调查机构对 P 系列产品的市场发展前景进行了预测，该机构发表的有关 P 系列产品的市场预测报告具有很高的可信度，本单元所描述的模拟企业的市场环境，就是依据有关 P 系列产品的市场预测报告设计的。正确分析模拟企业所处的市场环境，是模拟企业制定市场竞争战略的出发点。

2.1 总体的市场环境

市场是企业进行产品销售的场所，企业的生存和发展都无法脱离市场环境。在企业经营决策沙盘模拟过程中，模拟企业竞争和对抗主要体现在模拟市场的博弈性上，对于模拟企业来说，谁占得市场的先机，谁将赢得市场竞争，谁的发展前景就广阔；反之，模拟企业失掉市场，其发展过程将举步维艰。因此，市场环境是决定模拟企业生死存亡的关键所在。

权威的市场调查机构发布的市场需求研究报告显示，在未来的 8 年内，P 系列产品的市场发展趋势如图 2-1 所示。

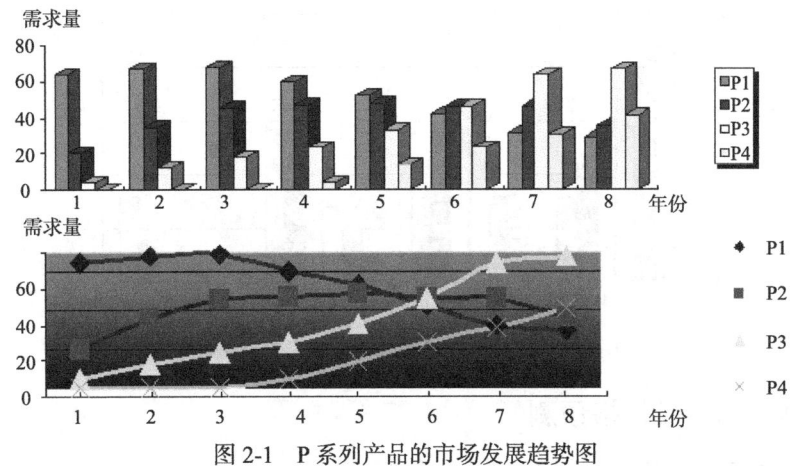

图 2-1 P 系列产品的市场发展趋势图

图 2-1 展示的是未来 8 年内 P 系列产品的市场发展趋势，上面的柱状图和下面的折线图的横坐标均代表年份，纵坐标标注的数据均代表各种产品的需求量，整个预测图由权威机构发布，应该具有较高的可信度，但企业根据这一预测进行市场运作时，还是会有相应的市场风险的。

从图 2-1 可以看出，P1 产品是目前市场的主流，前几年的需求较为旺盛，但由于产品技术水平较低，在未来几年内需求将会逐渐下降；P2 产品是 P1 的技术改进型产品，其技术优势会带来一定的需求增长，也比较会受到消费者的青睐，但随着 P3、P4 高新技术产品的出现，需求最终会下降；P3、P4 作为高新技术产品，其发展潜力很大，但前几年的需求较小，各个市场对 P3、P4 高新技术产品的认可程度各不相同，其需求量与价格也将存在较大的差异。

总体来说，第 4 ~ 6 年是新旧产品的转换期，希望各家模拟企业能充分抓住这一商机，以市场需求为导向，做好企业的产品研发、生产及销售规划。

2.2 本地市场

本地市场是模拟企业进行市场竞争的起点，下面将从产品的需求量、价格、产品认证三个方面加以描述。

2.2.1 本地市场产品需求量预测

对本地市场 P 系列产品需求量的预测如图 2-2 所示。

从图 2-2 可以看出，P1 产品是本地市场的主流产品，前 4 年的需求较为旺盛，但由于产品技术水平较低，需求量会逐年下降；P2 产品作为 P1 产品的技术改进型产品，凭借其技术优势从第 2 年起需求量会逐年增长，也比较会受到消费者的青睐，但随着 P3、P4 高新技术产品的出现，其需求量最终下降；P3 产品作为高新技术产品，从第 2 年起其需求量将逐年增长；P4 产品作为高端产品其需求量并不大。

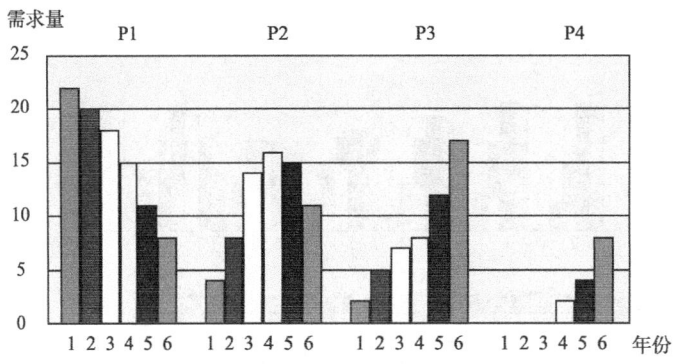

图 2-2　本地市场 P 系列产品需求量预测图

2.2.2　本地市场产品价格预测

本地市场 P 系列产品价格的预测如图 2-3 所示。

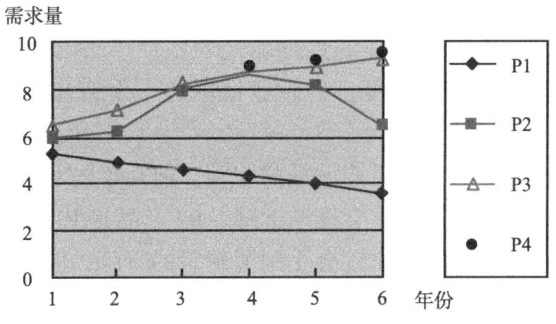

图 2-3　本地市场 P 系列产品价格预测图

从图 2-3 可以看出，P1 产品是本地市场的主流产品，其价格前几年会维持在一个较高水平，之后会逐年下降；P2 产品作为 P1 产品的技术改进型产品，其价格会从第 2 年起逐年上升，但随着 P3、P4 高新技术产品的出现，其价格最终会下降；P3 产品作为高新技术产品，其价格从第 2 年起将逐年上升；P4 产品作为高端产品，其前 3 年的价格难以预测，从第 4 年起与 P3 产品价格相当。

2.2.3　本地市场产品认证预测

在产品认证方面，随着年份的推移，客户的产品质量意识和环境保护意识日益增强，对企业是否通过 ISO9000 和 ISO14000 认证将提出更多的要求。

2.3　区域市场

区域市场因其紧邻本地市场，所以 P 系列产品的需求量和价格变化趋势与本地市场大致相同。

2.3.1 区域市场产品需求量预测

对区域市场 P 系列产品需求量的预测如图 2-4 所示。

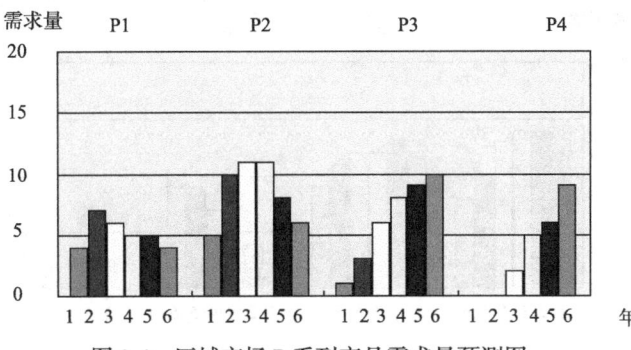

图 2-4 区域市场 P 系列产品需求量预测图

从图 2-4 可以看出，由于受到地域限制，区域市场 P 系列产品总的需求量有限，其需求量变化波动比较平稳。其中 P2 产品作为 P1 产品的技术改进型产品，凭借其技术优势从第 2 年起需求量会逐年增长，也比较会受到消费者的青睐；但随着 P3、P4 高新技术产品的出现，需求量将会出现此消彼长的变化趋势。

2.3.2 区域市场产品价格预测

对区域市场 P 系列产品价格的预测如图 2-5 所示。

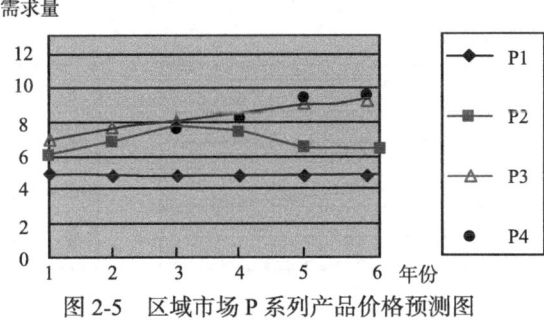

图 2-5 区域市场 P 系列产品价格预测图

从图 2-5 可以看出，区域市场 P 系列产品总的价格趋势与本地市场大致相同。与本地市场的消费者不同，区域市场的客户对高端新产品比较感兴趣，因此 P3、P4 产品作为高新技术产品，其价格从第 2、第 3 年起将逐年上升。

2.3.3 区域市场产品认证预测

在产品认证方面，随着年份的推移，客户的产品质量意识和环境保护意识日益增强，对企业是否通过 ISO9000 和 ISO14000 认证将提出更多的要求。

2.4 国内市场

国内市场是一个对 P 系列产品有较大区分度的市场，这主要表现在国内市场 P 系列产品需求量和价格的变化趋势方面。

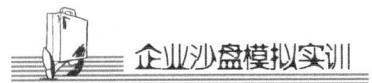

2.4.1 国内市场产品需求量预测

对国内市场 P 系列产品需求量的预测如图 2-6 所示。

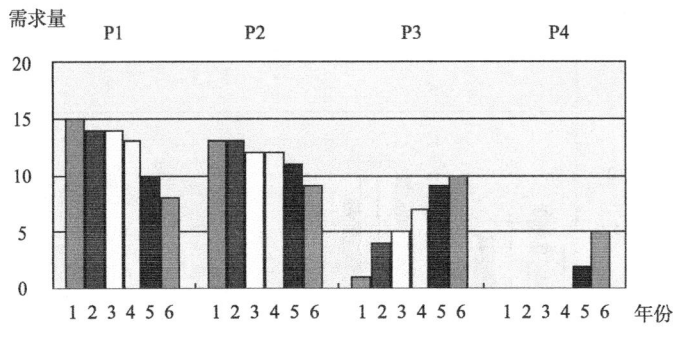

图 2-6 国内市场 P 系列产品需求量预测图

从图 2-6 可以看出，由于 P1 产品带有较浓的地域色彩，估计国内市场对 P1 产品的需求量不会持久；由于 P2 产品更适合于国内市场，估计需求量会一直比较平稳；随着消费者对 P 系列高新技术产品的逐渐认同，估计对 P3 产品的需求发展较快；但国内市场的客户从第 5 年起才对 P4 产品稍有认同感。

2.4.2 国内市场产品价格预测

对国内市场 P 系列产品价格的预测如图 2-7 所示。

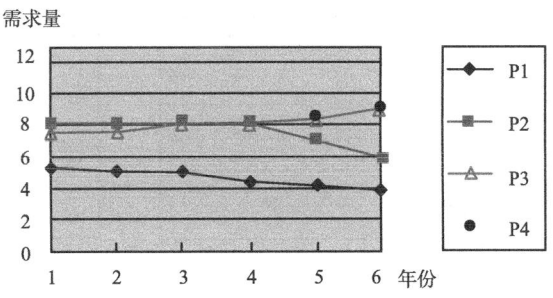

图 2-7 国内市场 1P 系列产品价格预测图

从图 2-7 可以看出，由于国内市场对 P1 产品的需求量不会持久，所以产品价格将会出现持续的下降；但由于 P2 产品更适合于国内市场，所以估计产品价格将会一直比较平稳，而从第 4 年起，P2 产品价格将会出现持续的下降；随着国内市场的客户对 P 系列高新技术产品的逐渐认同，P3、P4 产品价格将会出现上升的趋势。

2.4.3 国内市场产品认证预测

在产品认证方面，随着年份的推移，客户的产品质量意识和环境保护意识日益增强，从第 4 年起，国内市场的客户对企业是否通过 ISO9000 和 ISO14000 认证将提出更多、更高的要求。特别是对高新技术新产品，客户一定会更加注重其产品的质量保证。

2.5 亚洲市场

亚洲市场是一个追求时尚且对 P 系列产品有较大区分度的市场，这主要表现在亚洲市场 P 系列产品需求量和价格的变化趋势方面。

2.5.1 亚洲市场产品需求量预测

对亚洲市场 P 系列产品需求量的预测如图 2-8 所示。

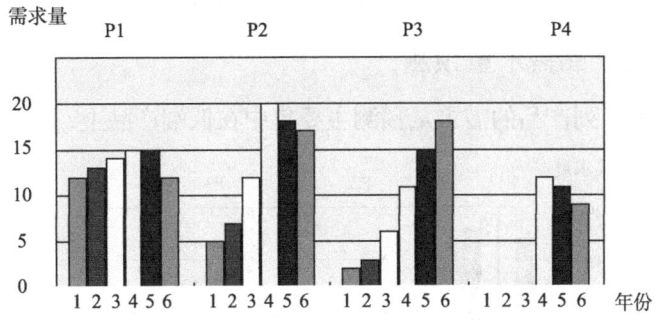

图 2-8　亚洲市场 P 系列产品需求量预测图

从图 2-8 可以看出，亚洲市场是一个对 P 系列产品十分挑剔的市场，该市场客户的喜好波动一向较大，难以把握，所以对 P1 产品的需求量可能起伏不大，对 P2 产品的需求量变化趋势大体上与 P1 产品相同；亚洲市场是一个对 P 系列高新技术产品很敏感的市场，因此从第 4 年起，估计对 P3、P4 产品的需求量将会发展得很快。

2.5.2 亚洲市场产品价格预测

对亚洲市场 P 系列产品价格的预测如图 2-9 所示。

从图 2-9 可以看出，亚洲市场 P1 产品价格和其他市场相比算是较低的，且呈现下降趋势；P2 产品的价格变化趋势比较平稳；由于估计亚洲市场对 P3、P4 产品的需求量将会发展得很快，所以其价格也将比较高且呈现上升趋势。

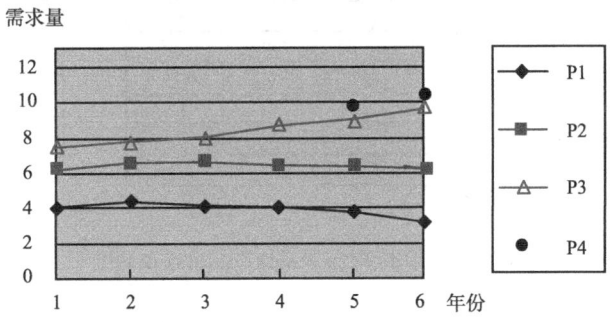

图 2-9　亚洲市场 P 系列产品价格预测图

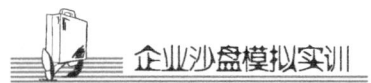

2.5.3 亚洲市场产品认证预测

亚洲市场的客户很看中产品的质量，所以在未来的几年里，如果企业没有通过 ISO9000 认证和 ISO14000 认证，其产品将可能很难在亚洲市场上销售。

2.6 国际市场

有迹象表明，国际市场并非是国人想象的欧美发达国家的高端产品市场，而更像是亚非拉发展中国家的消费市场。这主要表现在国际市场 P 系列产品需求量和价格的变化趋势方面。

2.6.1 国际市场产品需求量预测

国际市场对 P 系列产品的需求量预测主要集中在低端产品上，如图 2-10 所示。

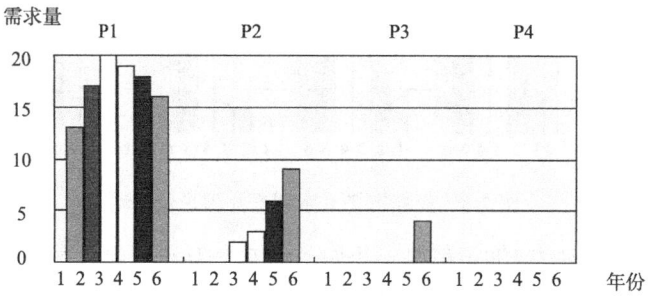

图 2-10 国际市场 P 系列产品需求量预测图

从图 2-10 可以看出，国际市场对 P1 产品的需求特别旺盛；对于 P2 产品，客户将会谨慎地接受，但仍需要一段时间才能被市场所接受；对于高新技术产品，这一市场的客户将持观望态度，因此，对 P3、P4 产品的需求将会发展得极慢。

2.6.2 国际市场产品价格预测

对国际市场 P 系列产品价格的预测如图 2-11 所示。

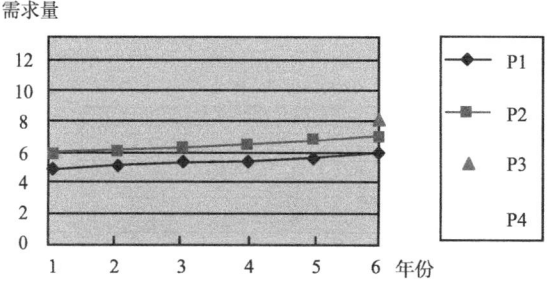

图 2-11 国际市场 P 系列产品价格预测图

从图 2-11 可以看出，由于国际市场对 P1 产品的需求特别旺盛，所以价格也特别高；对于 P2 产品，需要一段时间才能被国际市场所接受，其价格较为平稳；对于高新技术产品，这一市场的客户因持观望态度，所以 P3、P4 产品的价格变动趋势不太明朗。

2.6.3　国际市场产品认证预测

由于国际市场的产品需求主要集中在低端产品上，所以客户对 ISO 产品认证并不如其他市场那么高，但也不排除在最后几年会有这方面的需求。

值得提醒的是，进入国际市场可能要花费几年时间，并且每年都将有持续的投入。

复习思考题

1. 试述模拟企业的总体市场环境，以及市场环境对制定模拟企业的市场营销战略有何帮助。

2. 试分别描述本地、区域、国内、亚洲、国际市场的产品需求量和产品价格变化趋势，这些信息对模拟企业进行市场定位有何帮助？

3. 试分别描述本地、区域、国内、亚洲、国际市场的产品认证有何差异，这些信息对模拟企业进行认证策略有何帮助？

第3单元

模拟企业的运营规则

学习目标

- 掌握模拟企业的市场开拓、市场竞单规则、ISO 认证规则，熟练应用上述规则制定广告营销策略。
- 掌握模拟企业的产品研发、厂房购买或租赁、生产线建设、原材料购进与上线生产规则，熟练应用上述规则制定生产策略。
- 掌握模拟企业的财务融资贷款、综合费用归集、财务报表编制规则，熟练应用上述规则制定财务策略。
- 掌握模拟企业的破产清算、经营绩效评价规则，熟练应用这一规则制定企业的总体竞争策略。

引导案例

社会主义市场经济是法制经济，法制经济要求企业必须按照国家制定的法律、法规进行规范运作，企业若想在激烈的市场竞争中取胜，首要的一条就是要依法经营，照章纳税。

模拟企业尽管处在模拟的市场环境中，也应当按照模拟市场规则进行规范化运作。所以，在模拟企业开始运营之前，华鑫公司对招聘的企业高级管理人员进行了专题培训，培训的重点是学习模拟企业的运营规则，这些规则主要分为四类：第一类是市场竞争规则，包括市场开拓、市场竞单规则、ISO 认证规则；第二类是产品生产规则，包括产品研发、厂房购买或租赁、生产线建设、原材料购进与上线生产规则等；第三类是财务规则，主要包括财务融资贷款、综合费用归集、财务报表编制规则；第四类是有关模拟企业的绩效评价规则。

通过培训，将使企业高级管理人员熟悉企业的运营规则，树立依法经营、遵纪守法、规范运作的意识。

3.1 市场划分与开拓

模拟企业所面临的市场环境，按照产品的销售区域划分为本地市场、区域市场、国内市场、亚洲市场、国际市场等，如图 3-1 所示。

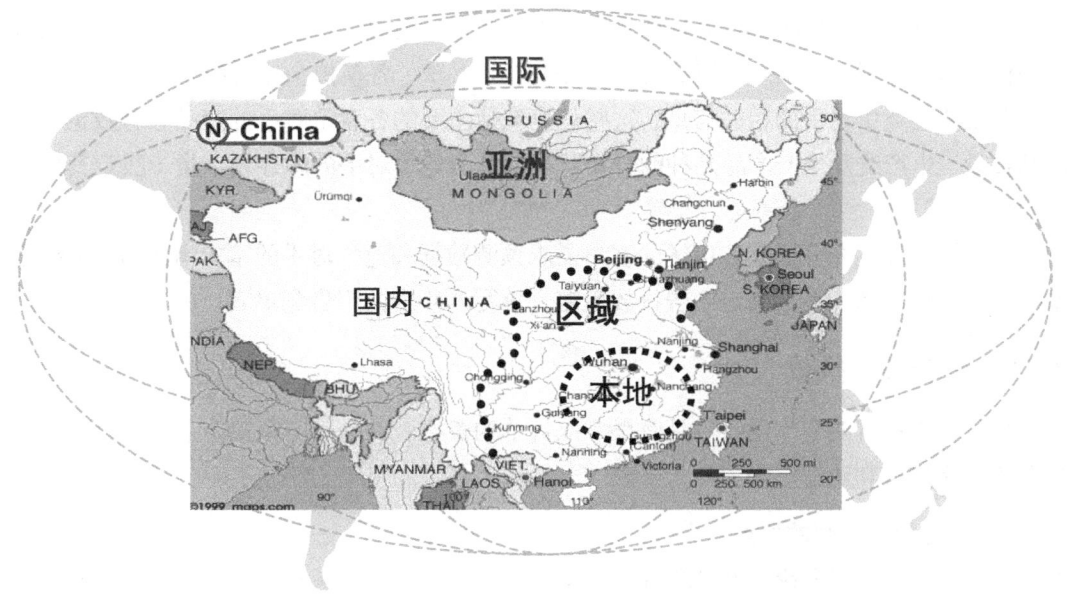

图 3-1 模拟企业市场划分示意图

在第 0 年和第 1 年，模拟企业仅取得 P1 产品的生产资格，所生产的 P1 产品只能在本地市场销售。在今后若干年内，模拟企业将按照表 3-1 所示的规则，再依据企业制定的市场战略依次开拓区域市场、国内市场、亚洲市场、国际市场。

表 3-1 市场划分与开拓规则表

市　　场	每年投资额	投资周期	全部投资额	操　　作
本地	0M	0 年	0M	直接获得准入证
区域	1M	1 年	1M	1. 将投资放在准入证的位置；
国内	1M	2 年	2M	2. 当完成全部投资后，经教师核准后，统一换取相应的市场准入证
亚洲	1M	3 年	3M	
国际	1M	4 年	4M	

规则说明：

每个市场每年最多投入 1M（M：百万元），模拟企业可根据自身资金状况和企业的发展战略，中断或终止投资，但不允许超前投资。投资时，将 1M 投入相应的"市场准入"的位置。换取准入证后，将其放在盘面的相应位置。只有拿到准入证才能参加相应市场的订货会。

3.2 市场竞单规则与产品营销

3.2.1 市场预测与竞争对手分析

各模拟企业在参加每个年度的客户订货会之前，应当首先分析各市场的产品需求预测数据。在企业经营决策沙盘模拟过程中，第 2 单元所提供的 P 系列产品在各个市场的需求预测信息是各模拟企业唯一可以参考的市场资料。其次，各模拟企业还应当分析通过正当渠道获得的各竞争对手的相关信息，这些信息包括主要的各竞争对手的产品库存数据、在制品数量、生产线及生产产品品种的分布状况，甚至竞争对手的库存现金量（决定其广告费的投入）。

各模拟企业在充分研究各市场的客户需求预测数据和竞争对手的基本情况后，可制定本企业的市场营销方案，确定广告投放策略，填写本年度的广告竞单表。

3.2.2 广告费的投放

投入广告费有两个作用：一是获得拿取订单的资格；二是确定模拟企业选单顺序。广告分为产品广告和认证广告。

1. 广告投放规则的要点

投入 1M 产品广告费，可以获得 1 次选取订单的机会（如果不投产品广告就没有选单机会），一次机会只允许选取一张订单；如果要获得更多的拿单机会，则每增加一次机会需要多投入 2M 产品广告。

2. 广告投放规则的举例

投入 1M 产品广告表示可能只有 1 次获得订单的机会，并且最多可以获得 1 张订单；投入 3M 产品广告表示可能有 2 次获得订单的机会，并且最多可以获得 2 张订单；投入 5M 产品广告表示可能有 3 次获得订单的机会，并且最多可以获得 3 张订单；依次类推。

如果要获取有 ISO 认证要求的订单，则模拟企业必须首先获得相应的 ISO 认证资格证书，并且在当年的广告费中投入相应 ISO 认证的广告费，每个市场相关的 ISO 认证广告费为 1M，对该市场所有的 P 系列产品均起作用。有的市场的某种产品要求 ISO9000 和 ISO14000 双重认证，则模拟企业需要再获得 ISO9000 和 ISO14000 认证资格证书，并在该市场分别投 ISO9000 和 ISO14000 认证广告费总计为 2M，才能获得要求 ISO9000 和 ISO14000 双重认证的产品订单。

根据广告的投放规则，各模拟企业的市场营销总监可以填写某年度的"广告竞单表"，将本年度的广告费分市场、分产品依次投放。

表 3-2 所示的是 A 组（模拟企业）在第 7 年年初填写的广告竞单表。

表 3-2　A 组（模拟企业）第 7 年年初广告竞单表

<table>
<tr><th colspan="4">本 地 市 场</th><th colspan="4">区 域 市 场</th><th colspan="4">国 内 市 场</th></tr>
<tr><td>产品</td><td>广告</td><td>9K</td><td>14K</td><td>产品</td><td>广告</td><td>9K</td><td>14K</td><td>产品</td><td>广告</td><td>9K</td><td>14K</td></tr>
<tr><td>P1</td><td>1M</td><td rowspan="4">1M</td><td rowspan="4"></td><td>P1</td><td></td><td rowspan="4">1M</td><td rowspan="4"></td><td>P1</td><td>1M</td><td rowspan="4">1M</td><td rowspan="4">1M</td></tr>
<tr><td>P2</td><td></td><td>P2</td><td>2M</td><td>P2</td><td>1M</td></tr>
<tr><td>P3</td><td></td><td>P3</td><td></td><td>P3</td><td>1M</td></tr>
<tr><td>P4</td><td></td><td>P4</td><td></td><td>P4</td><td></td></tr>
</table>

说明：

每个市场相关的 ISO9000（9K）和 ISO14000（14K）认证费用均为 1M，分别填写，ISO 认证对该市场所有的 P 系列产品均起作用。

由教师作为客户代表，在主持订货会之前将各模拟企业的广告竞单表汇总输入订单交易系统，如图 3-2 所示。

<table>
<tr><th rowspan="2"></th><th colspan="6">（本地）</th><th colspan="6">（区域）</th><th colspan="6">（国内）</th></tr>
<tr><td>P1</td><td>P2</td><td>P3</td><td>P4</td><td>9K</td><td>14K</td><td>P1</td><td>P2</td><td>P3</td><td>P4</td><td>9K</td><td>14K</td><td>P1</td><td>P2</td><td>P3</td><td>P4</td><td>9K</td><td>14K</td></tr>
<tr><td>A</td><td>1</td><td></td><td></td><td></td><td>1</td><td></td><td></td><td>2</td><td></td><td></td><td>1</td><td></td><td>1</td><td>1</td><td>1</td><td></td><td>1</td><td>1</td></tr>
<tr><td>B</td><td>2</td><td>1</td><td></td><td></td><td></td><td>1</td><td></td><td></td><td></td><td></td><td></td><td></td><td></td><td></td><td></td><td></td><td></td><td></td></tr>
<tr><td>C</td><td>2</td><td></td><td></td><td></td><td></td><td></td><td></td><td></td><td></td><td></td><td></td><td></td><td></td><td></td><td></td><td></td><td></td><td></td></tr>
</table>

图 3-2　第 7 年广告竞单汇总图

3.2.3　订单要素与订单类别

订单是产品销售的依据和凭证，模拟企业是按订单组织生产的，如果在市场竞争过程中得不到订单，就无法实现销售，其生产的产品也就要积压在仓库中，从而导致年度所发生的费用无法得到补偿，企业的利润无法实现。在某种意义上，订单就是企业生存的关键。

订单必须在每年年初的客户订货会上通过竞单程序才能获取，模拟企业的市场营销总监在出席客户订货会之前，必须对订单要素和订单类型有所了解。

1．订单要素

模拟企业在市场竞争中选取的标准的产品订单样式如图 3-3 所示。

1	LP2-1/5	2	LP2-2/5	3	LP2-3/5	4	LP2-4/5	5	LP2-5/5
数量	3	数量	2	数量	1	数量	2	数量	3
单价	6.3	单价	6	单价	7	单价	6.5	单价	6.6
总额	19	总额	12	总额	7	总额	13	总额	20
账期	1	账期	4	账期	0	账期	3	账期	2
条件		条件		条件	加急	条件		条件	ISO9000

图 3-3　模拟企业的产品订单样式图

从图 3-3 可以看出，一张订单的要素主要包括以下几方面内容。

① 订单号：订单的标识号码。例如，第 1 张订单的订单号为"LP2-1/5"，其含义是本地市场（L 标识）的 P2 产品中的第 1 号订单。

② 订单数量：订单的产品个数。例如，第 1 张订单的数量为"3"，其含义是本张订单是 3 个 P2 产品。

③ 订单单价：订单的单个产品的价格。例如，第 1 张订单的单价为"6.3"，其含义是每个 P2 产品价值为 6.3M。

④ 订单总额：订单的产品总价值。例如，第 1 张订单的总额为"19"，其含义是这张订单 3 个 P2 产品的总价值为 19M。

⑤ 订单账期：订单产品销售后所获应收账款的账期。例如，第 1 张订单的账期为"1"，其含义是这张订单产品销售后所获应收账款的账期是 1Q；第 3 张订单的账期为"0"，其含义是这张订单产品销售后所获得的是现金，而不是应收账款。

⑥ 订单条件：订单的特殊要求。例如，第 3 张订单的订单条件为加急，则要求模拟企业必须在第 1 季度交货。而如果带有 ISO9000 或 ISO14000 标志，则要求模拟企业首先具备 ISO9000 或 ISO14000 标志认证资格，并在本市场打了相应的 ISO 认证广告，才有资格接受此类订单。

2．订单类型

订单类型不同，其交货时间要求及获得订单的资格也不同，订单类型、交货时间及获得订单的资格如表 3-3 所示。

表 3-3　订单类型表

订 单 类 型	交 货 时 间	获得订单资格要求
普通订单	本年度 4 个季度中的任一季度	任何企业
加急订单	本年度 1 个季度	任何企业，要求订单产品有库存或能确保订单产品在第 1 季度下线
ISO9000 订单	本年度 4 个季度中的任一季度	具有 ISO9000 认证资格，并在订单所在市场中当年支付 1M ISO9000 广告费用的企业
ISO14000 订单	本年度 4 个季度中的任一季度	具有 ISO14000 认证资格，并在订单所在市场中当年支付 1M ISO14000 广告费用的企业
具有 ISO9000 和 ISO14000 双重认证的订单	本年度 4 个季度中的任一季度	同时具有 ISO9000 认证资格和 ISO14000 认证资格，并在订单所在市场中当年支付 1M ISO9000 广告费用和 1M ISO14000 广告费用的企业

3.2.4　订货会选单规则

由教师作为客户代表主持的订货会通常在每年年初召开，订货会每年只召开一次，各模拟企业的市场营销总监代表企业出席，在订货会上的选单操作将依据以下规则进行。

① 订货会将依照本地、区域、国内、亚洲和国际市场的顺序依次召开，在每个市场中再依照 P1、P2、P3 和 P4 产品的顺序，由各模拟企业按选单排列顺序分轮次进行选单。

② 市场老大优先选单，首先由上一年度本市场的市场老大（该模拟企业上年度在本市场销售额排名第一，即该模拟企业上一年度在本市场的所有产品订单销售额总和最高）优先选单，市场老大对 P1、P2、P3、P4 产品均具有优先选单权（但前提是该模拟企业分别对 P1、P2、P3、P4 产品至少投 1M 的广告费，不投广告费的产品不能选单）。

③ 按产品广告费投入多少选单。在市场老大优先选单后，其他模拟企业按本市场 P1、P2、P3、P4 产品投放广告费的多少，分别排定 P1、P2、P3、P4 产品的选单顺序进行选单。

④ 若产品广告投入相同，则按市场广告投入多少选单。如果某两个模拟企业在本市场同一个产品投入的广告费用相同，则按投入本市场的广告总和（不包括 ISO 认证的广告费用）排定选单顺序。

⑤ 若市场广告费用投入相同，则按上一年销售排名选单。如果某两个模拟企业在本市场同一个产品投入的广告费用相同，且在本市场广告投入总量也一样，则参照上一年度这两个模拟企业在本市场各产品的有效销售总额的排名次序，排定其选单顺序。

⑥ 如果以上情况仍不能确定选单顺序，则采用抽签方式确定选单顺序。

⑦ 按选单顺序分轮次进行选单，有资格的模拟企业在每轮次中只能选择一张订单。第一轮选单完成后，如果还有剩余的订单，还有选单机会的模拟企业可以按选单顺序进入下一轮选单。

规则说明：

① 选择订单时，模拟企业可以根据库存和生产能力放弃选择订单的权利，当某一轮放弃了选单后，视为本轮退出本产品的选单，即在本轮中，不得再次选单，对于放弃的机会可以在本市场下一轮选单中使用。

② 当一家模拟企业在选定了订单之后，不允许其更改已作的选择。

例如，按照选单顺序规则，由于 A 企业是第 6 年本地市场的市场老大，所以 A 企业具有优先选单权。根据图 3-2 所示的广告竞单表，B 企业和 C 企业在本地市场的 P1 产品上投放的广告都是 2M，但 B 企业在本地市场投入的广告总和为 4M（大于 C 企业的 2M），所以 B 企业次选，C 企业最后选择。模拟企业第 7 年本地市场选单的结果如图 3-4 所示。

P1放单					第 7 年本地市场								
企业	P1	9K	14K	广告总和	上年排名	1	LP1-1/3	2	LP1-2/3	3	LP1-3/3		
A	1	1		2	1	数量	3	数量	2	数量	2		
B	2		1	4	X	单价	2.7	单价	3.5	单价	3	P1订单	P1订单
C	2			2	2	总额	8	总额	7	总额	6		
D					3	账期	1	账期	3	账期	2		
E					X	条件		条件		条件			
F					X		C		A		B		

图 3-4　模拟企业选单结果示意图

3.2.5　对订单违约的处罚

各模拟企业在每年度订货会上所获取的所有订单，均要求在本年度内完成（即按订单上的产品数量整单交货）。如果订单没有完成，则按下列条款加以处罚。

（1）加急订单

加急订单的处罚分以下两种情况。

① 未能在本年度第 1 季度规定的交货时间内（也就是加急订单规定的交货时间内）交货，但能在本年度其他季度规定的交货时间交货的，按该订单的毛利（即订单销售总额减去订单总的生产成本）计算违约金。违约金计入本年度综合费用中的"其他"项目中。

② 未能在本年度第 1 季度规定的交货时间内交货，且在本年度第 4 季度规定的交货时间内也未能交货的，按该订单销售总额计算违约金。违约金计入本年度综合费用中的"其他"项目中。

（2）普通订单

在本年度第 4 季度规定的交货时间内也未能交货的，按该订单的毛利计算违约金。违约金计入本年度综合费用中的"其他"项目中。

（3）违约订单

① 有违约表现（也包括加急订单违约，但在当年交货的）的模拟企业，如果是市场老大违约，则本市场将取消其市场老大资格，其他模拟企业当年市场地位均再作排名考虑。

② 所有违约订单的销售毛利均计入当年综合费用中的"其他"项目中；其销售业务视同"完成订单"（即违约的销售收入和销售成本正常统计汇总），所有违约的订单产品必须在下一年度交货，在违约订单产品交付前，暂不受理新一年度的订单产品交货业务，违约的订单产品交付时，按订单产品的成本价以现金方式支付，违约的订单产品销售不再计入新一年度的销售收入。

3.2.6　模拟企业间交易规则

模拟企业除了可以在每年度的订货会上获取订单之外，还可以在企业之间进行交易。模拟企业之间的交易主要采取贴牌生产（OEM）方式进行，且交易前应该满足以下条件。

① 模拟企业之间的交易应在每年度的订货会之前签订"委托贴牌生产"协议，约定委托贴牌生产产品的类别、产品质量要求（是否有 ISO 认证）、交易价格、交货期、付款方式、违约处罚等条款，协议要公示并备案。

② 模拟企业之间的产品生产与交易必须同步进行（即在同一季度规定的"向其他企业购买/出售成品"时间内完成操作）。

③ 模拟企业之间的产品生产与交易必须填写"委托贴牌生产、交易登记表"，如表 3-4 所示。

④ 模拟企业之间的交易均不得计入当年的销售收入，买入方与卖出方分别将委托贴牌生产产品的净损失/毛利（即委托贴牌生产产品协议总额减去总的生产成本）计入利润表的"其他支出/收入"项目。若买入方当年买入的委托贴牌生产产品未能销售出去，则按标准成本价计入产成品项目。

表 3-4　委托贴牌生产、交易登记表

买 入 方			卖 出 方		
产　品	数　量	金　额	产　品	数　量	金　额

3.3　产品研发与质量认证

3.3.1　产品研发规则

模拟企业要想生产某种 P 系列产品，就必须先获得该产品的生产许可证，而要获得生产许可证，必须进行该产品的研发。由于 P1 产品在第 0 年已经取得了生产许可证，并且可以在本地市场进行销售，而 P2、P3、P4 产品则都需要在研发完成之后才能获得生产许可证，所以 P2、P3、P4 产品研发需要每期投入研发费用，其研发投资的规则如表3-5 所示。

表 3-5　P2、P3、P4 产品研发投资规则表

产　品	季度投资金额	研 发 投 资	研 发 周 期	操 作 说 明
P2	1M	6M	6Q	1．每季度按照研发投资额将现金放在生产资格研发位置；
P3	2M	12M	6Q	2．生产资格研发投资完成后，带上所有投资的现金到教师处换取该类产品的生产许可证；
P4	3M	18M	6Q	3．只有获得该类产品生产许可证后才能开工生产该产品

规则说明：

模拟企业产品研发可以视资金情况而中断或终止，但不允许超前或集中投入；已投资的研发费不能回收；产品还在研发过程中的，不能生产该产品。

3.3.2　ISO 认证规则

ISO 指国际标准化组织。在企业经营决策沙盘模拟过程中，模拟企业将涉及 ISO 的两个标准，即 ISO9000 和 ISO14000。

ISO9000 是国际标准化组织颁布的在全球通用的关于质量管理和质量保证方面的标准，企业产品达到 ISO9000 标准并进行了相关认证，表明该企业所生产的产品具有一定的质量可信度。

ISO14000 是国际标准化组织颁布的在全球通用的关于环境管理体系标准，企业产品达到 ISO14000 标准并进行了相关认证，表明该企业所生产的产品具有一定的环境保护可信度。

ISO9000 和 ISO14000 认证需要进行资金投入，其认证投资规则如表 3-6 所示。

表 3-6　P 系列产品 ISO 认证投资规则表

ISO 认证类型	每年投资金额	认证投资总额	投 资 期 限	操 作 说 明
ISO9000	1M	2M	2 年	1. 每年按照投资额度将投资放在相应的 ISO 证书位置； 2. 投资完成后，带上所有投资额度到教师处换取相应的 ISO 资格证； 3. 只有获得相应的 ISO 资格证后才能在市场中投入相应的 ISO 广告
ISO14000	1M	3M	3 年	

规则说明：

ISO 认证需分期投资开发，每年 1 次，每次 1M。模拟企业可以视资金情况中断投资，但不允许集中或超前投资。

3.4　固定资产投资与变卖

模拟企业的投资可分为流动资产投资和非流动资产投资。流动资产投资主要用于模拟企业日常的生产经营活动，如原材料采购、支付加工费、支付管理费、支付银行利息和贴现费等；非流动资产投资又称战略投资，如 3.3 节所列的产品研发、ISO 认证等方面的投资，本节所列的对厂房、生产线等固定资产的投资，都是模拟企业战略投资的重要组成部分。

模拟企业固定资产投资包括两大部分，即厂房（土地与建筑物）投资和生产线（生产设备）投资。

3.4.1　厂房（土地与建筑物）投资与变卖

模拟企业在第 0 年就拥有一座大厂房（滨海市高新园区管委会投资入股），价值 40M，在大厂房的旁边有一座小厂房，其产权不归模拟企业所有，可采用购置、租赁方式获得所有权或使用权。有关厂房投资与变卖的规则如表 3-7 所示。

表 3-7　模拟企业厂房投资与变卖规则表

厂 房 类 型	购 买 金 额	租 赁 金 额	变 卖 金 额	生产线容量
大厂房	40M	5M	40M（4Q）	6 条
小厂房	30M	3M	30M（4Q）	4 条

规则说明：

① 厂房变卖：厂房可以在运行的每个季度的任何时间进行变卖。变卖时，需要财务总监携带运营记录表和厂房价值（大厂房为 40M，小厂房为 30M）到教师处进行交易。经核准后，由教师收回原厂房价值，发放 4Q 的应收账款灰币，模拟企业应在运营记录表中的"出售厂房"栏目中加以登记。厂房出售时有生产线的，则当年需要支付租金。

② 购买厂房：购买厂房只能在每年年末规定的时间内（参见运营记录表"购买（租用）厂房"处）进行，购买时只需要将等值现金放到厂房价值位置即可。购买厂房时有生

产线的，则在购买厂房时必须支付当年的厂房租金，到下一年可免除支付厂房租金。

③ 支付厂房租金：是否支付厂房租金的判定条件是，当运行到"自动转租"任务项时，如果厂房中有生产线，则不管是什么时间投资的，也不管厂房是否是当年出售的，都需要支付租金；如果是当年使用过的厂房（其中有过生产线），但到最后一个季度将生产线出售了，也就是说，运行到"自动转租"项目时，厂房中已经没有生产线了，这种情况不需要支付租金。大厂房租金是 5M，小厂房租金是 3M。

④ 厂房不计提折旧：厂房之所以不计提折旧，是因为厂房的构成要素是土地和建筑物，而建筑物折旧与土地价值的升值对冲，因此厂房不计提折旧，厂房购买、变卖的价值不变，只是资产形态发生变化。

3.4.2　生产线投资与变卖

模拟企业的生产线必须安装在厂房内，其种类有手工生产线、半自动生产线、全自动生产线、柔性生产线四种，其投资与变卖规则如表 3-8 所示。

表 3-8　生产线投资与变卖规则表

生产线类型	购置费	安装周期	生产周期	转产费	转产周期	维护费	残　值
手工生产线	5M	无	3Q	无	无	1M/年	1M
半自动生产线	10M	2Q	2Q	1M	1Q	1M/年	2M
全自动生产线	15M	3Q	1Q	4M	1Q	1M/年	3M
柔性生产线	20M	4Q	1Q	无	无	1M/年	4M

1．购买生产线

购买生产线必须按照该生产线安装周期分期投资并安装，如柔性生产线安装操作可按表 3-9 所示进行。投资生产线的费用不一定需要连续支付，可以在投资过程中中断投资，也可以在中断投资之后的任何季度继续投资，但必须按照表 3-9 所规定的投资安装规则进行操作。

表 3-9　生产线投资安装规则表（以柔性生产线为例）

操 作 时 间	投 资 额	安 装 完 成
1Q	5M	1 期安装
2Q	5M	2 期安装
3Q	5M	3 期安装
4Q	5M	4 期安装
5Q		生产线建成，翻牌投产

规则说明：

① 一条生产线待最后一期投资到位后，下一季度才算安装完成，安装完成的生产线当季可以投入使用。

② 生产线安装完成后，必须将投资额放在设备价值处，以证明生产线安装完成。

③ 生产线安装完成不能移动位置（包括在同一厂房内的生产线），若移动位置，只能将生产线报废处理后再投资建新生产线。

④ 模拟企业之间不允许相互购买生产线，只允许向设备供应商（由教师扮演）购买。

2．生产线维护

（1）模拟企业必须交纳生产线维护费的情况

生产线建成翻牌的当年，无论是否开工生产，都必须交纳维护费；正在进行转产的生产线也必须交纳维护费。

（2）免交维护费的情况

凡已出售生产线和正在安装的生产线不交纳维护费。

3．生产线折旧

模拟企业的每条生产线单独计提折旧，新生产线建成的当年不计提折旧，每年计提折旧时按直线法分 4 年提完，各种生产线年折旧额的计算如表 3-10 所示。

表 3-10　生产线折旧计算表

生产线类型	购 置 费	残 值	折 旧 额				
			建成第 1 年	建成第 2 年	建成第 3 年	建成第 4 年	建成第 5 年
手工生产线	5M	1M	0	1M	1M	1M	1M
半自动生产线	10M	2M	0	2M	2M	2M	2M
全自动生产线	15M	3M	0	3M	3M	3M	3M
柔性生产线	20M	4M	0	4M	4M	4M	4M

规则说明：

① 按规定年份计提完折旧后的生产线可以继续使用，并且仍可以作为资产列入企业的价值评价体系，生产线的残值可以保留，直到该生产线变卖为止。

② 当年新建成的生产线不计提折旧。

4．生产线变卖

当生产线变卖时，可根据所要变卖生产线的净值、残值状况，作出相应的业务处理：

① 如果变卖的生产线仅剩残值（即提完折旧后只剩下残值的生产线），则将生产线交还给设备供应商（由教师扮演），再取回变卖的生产线的残值收入放入"现金区"。

② 当变卖生产线的净值大于残值时，则将生产线交还给设备供应商（由教师扮演），完成变卖，取回变卖的生产线的残值收入放入"现金区"，同时将所变卖生产线净值与残值差额部分放入综合费用区的"其他"处。

生产线变卖规划举例（以手工生产线为例），如表 3-11 所示。

表 3-11　生产线变卖规则举例（以手工生产线为例）

生产线变卖时的净值	生产线残值	变卖生产线的损益处理
1M	1M	1M 放入"现金区"，不作损益处理
5M	1M	1M 放入"现金区"，4M 放入综合费用区域的"其他"处

3.5 原材料采购与产品生产

3.5.1 原材料采购

模拟企业生产的 P 系列产品所需要的原材料由供应商（由教师扮演）供货，生产 P 系列产品所需原材料品种主要包括 R1（红色）、R2（橙色）、R3（蓝色）、R4（绿色）四种，采购原材料过程主要经过向供应商下原材料订单和采购入库两个操作步骤，这两个步骤之间的时间差称为订单提前期，这个提前期主要是原材料供应商需要生产和运输准备的时间，所以采购各种原材料都需要提前期。模拟企业所生产的 P 系列产品所需原材料清单及各种原材料采购的提前期如表 3-12 所示。

表 3-12　原材料采购规则表

原材料名称	原材料采购订单提前期	操 作 说 明
R1（红色）	1Q	1. 采购总监将空桶放入相应的原材料订单区，1 个空桶代表 1 个原材料订单；
R2（橙色）	1Q	
R3（蓝色）	2Q	2. R1、R2 原材料订单期满后要支付原材料款并办理原材料入库手续，R3、R4 原材料则需要按季度更新原材料订单
R4（绿色）	2Q	

规则说明：

① 没下订单的原材料不能采购入库；所有下订单的原材料到期都必须采购入库；原材料入库时必须到交易处向供应商支付现金，购买已到期的原材料。

② 下原材料采购订单、更新原材料订单、办理原材料入库时都必须在运营记录表中进行记录。

③ R1、R2 需要 1 个季度下原材料订单，第 1 季度下原材料订单，第 2 季度才能办理原材料入库手续。

④ R3、R4 需要 2 个季度下原材料订单，第 1 季度下原材料订单，第 2 季度更新到"在途原材料"，第 3 季度才能办理原材料入库手续。

3.5.2 产品生产

1. 产品的物料清单

当 P 系列产品研发完成后，模拟企业的研发部门将 P 系列产品的工艺数据和物料清单（Bill of Material，BOM）数据转给生产部门，生产部门结合工艺数据、物料清单数据及生产线数据安排生产作业。

P 系列产品的物料清单数据如图 3-5 所示。

生产部门将产品生产所需要的原材料种类、数量、到货期信息传递给采购部门，采购部门根据原材料库存状况编制采购计划，并向原材料供应商下原材料订单，实现采购与生产的协同作业。

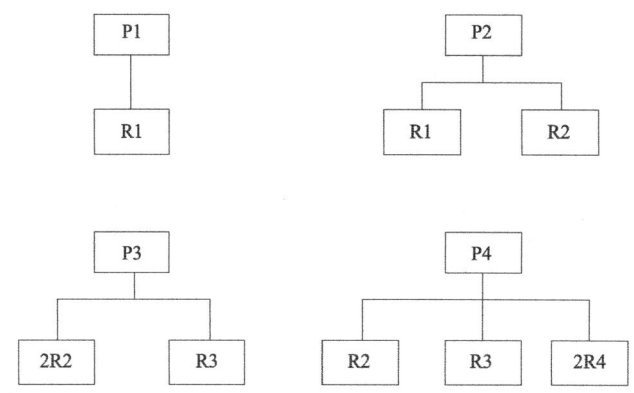

图 3-5　P 系列产品的物料清单数据图

2．产品的成本构成

P 系列产品的成本构成如表 3-13 所示。

表 3-13　产品成本构成表

产　品	原　材　料	原材料价值	加工费 （手工/半自动/全自动/柔性）	直接生产成本
P1	R1	1M	1M	2M
P2	R1+R2	2M	1M	3M
P3	2R2+R3	3M	1M	4M
P4	R2+R3+2R4	4M	1M	5M

规则说明：

① P 系列产品上线生产时，生产总监根据生产计划从原材料仓库领料，根据物料清单进行原材料配比，按表 3-13 所示的产品成本构成支付加工费。

② P 系列产品上线生产时，必须有空闲的生产线（该生产线的产品必须成功下线后），原材料仓库必须有原材料，否则就要停工待料。

③ P 系列产品生产要按生产线的产程每季度进行更新生产，更新到头时即可办理完工入库（推入相应的产品库中）。

3.6　融资贷款与贴现

资金是企业运作的血液，充足的资金支持是企业生存和发展的前提条件。在企业经营决策沙盘模拟过程中，由于不允许模拟企业之间私自融资，因此在整个经营期间只允许向银行融资贷款。模拟企业应该充分了解和利用银行金融机构提供的各种融资手段，适时地从银行获得资金支持，以此来支持企业的日常生产经营活动和各项战略投资活动。

有关模拟企业向银行进行融资贷款和贴现的规则如表 3-14 所示。

表 3-14 向银行融资贷款和贴现的规则表

融 资 类 型	融 资 额 度	融 资 成 本	贷款时间与归还方式
长期贷款	上一年权益的 2 倍	10%	年初申请，年末支付利息，到期还本付息
短期贷款	上一年权益的 2 倍	5%	季初申请，到期还本付息
高利贷	与贷款方协商	20%	随时可申请高利贷，到期还本付息
应收账款贴现	可贴现应收账款额	1：6	按 7 的整数倍可随时贴现并支付贴息

规则说明：

① 长期贷款和短期贷款的贷款额度：分别根据上一年权益的 2 倍计算，长期贷款、短期贷款都必须按 20M 的倍数申请。如果权益为 11~19M，只能按 10M 的 2 倍申请贷款；如果上一年权益低于 10 M，则模拟企业将不能获得长期贷款和短期贷款。

② 长期贷款、短期贷款的时间：长期贷款每年只有一次，即每年年初（详见运营记录表中的"支付长期贷款利息、更新长期贷款/长期贷款还款、申请长期贷款"任务清单栏）；短期贷款每年共 4 次，分别为每季度初（详见运营记录表中的"更新短期贷款/短期贷款还本付息、申请短期贷款"任务清单栏）。

③ 长期贷款规则：长期贷款每年必须支付利息，到期还本付息。企业在本利双清后，如果还有贷款额度，才允许重新申请新的长期贷款。如果有贷款需要归还，同时还拥有贷款额度时，必须先归还到期的全部长期贷款和利息，才能申请新贷款。

④ 短期贷款规则：短期贷款到期必须还本付息。企业在本利双清后，如果还有贷款额度，才允许重新申请新的短期贷款。如果有贷款需要归还，同时还拥有贷款额度时，必须先归还到期的全部短期贷款和利息，才能申请新贷款。不能以新短期贷款归还以前的短期贷款（续贷）。模拟企业经营期的最后一年，不要求归还没有到期的短期贷款，短期贷款不允许提前还款。

⑤ 高利贷规则：高利贷使用期限为 1 年（视同短期贷款管理）。高利贷以 20M 为基本贷款单位，最多可以贷 80M。高利贷可以随时申请，即在运行过程的任何时间内，都可以申请高利贷。但高利贷计息时间为运行当季的短期贷款申请时间，并随短期贷款的更新时间更新。高利贷必须按照短期贷款归还时间到期一次性还本付息。结束年时，要求归还全部高利贷。凡借入高利贷的企业均按 5 分/贷 20M 扣减总分。

⑥ 贴现规则：若提前使用应收账款，必须按 1：6 提取贴现费用，即从应收账款中取 7M 或 7 的整数倍数的应收账款，6M 或 6 的整数倍数放入现金，其余为贴现费用（只能按 7 的整数倍数贴现）。模拟企业只要有足够的应收账款，就可以随时贴现。贴现取得的现金可以支付任何时段的应付款项，包括年初支付广告费、税金、长期贷款本金和利息。

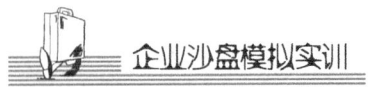

3.7　企业破产与清算

3.7.1　企业破产规则

若经营管理混乱或经营决策失误，有可能导致模拟企业破产。模拟企业破产有两个显著标志：一是模拟企业资不抵债，即所有者权益为零或负数；二是模拟企业不能按期清偿到期债务，导致模拟企业运营的资金链断裂。

模拟企业破产后，将失掉市场竞争的主体资格，即不能再到订货会上去争取订单，而只能在债权人（主要是银行金融机构）的监督下，通过开展模拟企业间的委托加工生产（贴牌生产）业务或承接政府救济订单进行生产自救，通过此种方式赚取加工费以维持企业的运营。等到整个企业决策沙盘模拟结束时，再对破产企业采用破产清算模式进行债务、债权的清理和清算工作。

3.7.2　企业清算规则

当整个企业沙盘模拟结束时，教师和各模拟企业的总经理组成清算组，采用破产清算模式（无论模拟企业是否破产）对模拟企业进行清算。清算的规则如下。

① 模拟企业的产品研发、市场开拓、ISO 认证等战略性投资（无形资产）作为模拟企业的经营性沉没成本，不再计入模拟企业的资产清算价值。

② 模拟企业的原材料、在制品、产成品按成本价计价，计入模拟企业的资产清算价值。

③ 模拟企业的生产线按净值计价，已计提完折旧的生产线按其残值分别计入模拟企业的资产清算价值。

④ 厂房按 4Q 账期的应收账款与模拟企业销售产品所得应收账款一起加总计算，按1：6 的比例计提贴现费用后折算成现金，与模拟企业的库存现金一起加总计算，计入模拟企业的资产清算价值。

采用上述方式进行清算后，模拟企业的清算价值将全部折算成现金，首先偿还银行短期贷款，然后偿还银行长期贷款。如还有剩余，再在偿还股东初始的股本折现额后，剩余部分现金交由模拟企业经营团队进行分红。

由此可见，破产清算模式主要是将模拟企业的各项资产挤干水分后折算成现金，首先偿还银行的债务，然后归还股东初始股本，最后由经营者分享剩余的企业权益。

3.8　模拟企业的绩效评价规则

在对企业采用破产清算模式进行企业价值评估的同时，还可以采用企业可持续发展模式对模拟企业的经营活动进行综合评价，其方法是将模拟企业的各项资产（有形实物资产、无形资产）按表 3-15 所示的评价指标体系综合计算出模拟企业资产的总分值（A＝Σ各项

资产分值–扣分值），再减去模拟企业因借高利贷、违约违规的扣除分值，最后按以下计算
公式得出模拟企业的综合得分：

综合评价得分=终结年末所有者权益×（1+A 值/100）×100%–扣分值

表 3-15　可持续发展模式评价指标体系表

评 价 项 目	数 量	单 项 分 值	评价指标分值
大厂房			+15
小厂房			+10
手工生产线			+5/条
半自动生产线			+10/条
全自动/柔性线			+15/条
区域市场开发			+10
国内市场开发			+15
亚洲市场开发			+20
国际市场开发			+25
ISO9000			+10
ISO14000			+10
P2 产品开发			+10
P3 产品开发			+10
P4 产品开发			+15
本地市场地位			+15/终结年市场第一
区域市场地位			+15/终结年市场第一
国内市场地位			+15/终结年市场第一
亚洲市场地位			+15/终结年市场第一
国际市场地位			+15/终结年市场第一
得分合计			
高利贷扣分			每贷 20M 扣 5 分，根据经营记合并计算总扣分
其他扣分			违规舞弊经营，每次扣 5 分； 会计报表不平，每次扣 5 分； 订单或委托加工订单违约，每次扣 5 分
扣分合计			
综合得分（A 值）			
综合评价得分=终结年末所有者权益×（1+A 值/100）×100%–扣分值			

　　至此，对企业沙盘模拟的整体规则体系已进行了全面介绍。这一体系涵盖了模拟企业
从注册登记到破产清算的全过程，学习和掌握这些规则，对于规范模拟企业的生产经营行
为，营造遵纪守法的模拟实训环境具有指导意义。
　　为了帮助学生掌握模拟企业采用可持续发展模式进行综合评价的方法，本教材特意提
供了一个评价案例，如图 3-6 和图 3-7 所示。

Microsoft Excel - 2008吉林电力沙盘课程1.xls [共享]

Score	y	Input y for computing					Score=权重系数*权益
	A	B	C	D	E	F	权重系数按下列条件计算
大厂房		1	1	1		1	+15
小厂房							+10
手工生产线	3						+5/条
半自动生产线	1			1			+10/条
全自动/柔性线	1		1	2	2		+15/条
区域市场开发	1		1	1	1	1	+10
国内市场开发	1		1	1	1	1	+15
亚洲市场开发	1		1	1	1		+20
国际市场开发		1					+25
ISO9000	1	1	1	1	1	1	+10
ISO14000	1	1	1				+10
P2产品开发	1		1	1	1	1	+10
P3产品开发	1				1		+10
P4产品开发							+15
本地市场地位	1						+15/第五年市场第一
区域市场地位	1						+15/第五年市场第一
国内市场地位	1						+15/第五年市场第一
亚洲市场地位					1		+15/第五年市场第一
国际市场地位		1					+15/第五年市场第一
高利贷扣分				20	20		请在左边空格中输入扣分次数，在右边的空格中输入每次扣分的分数
其他扣分							请在左边空格中直接输入扣除的总分

图 3-6　模拟企业综合绩效评价要素构成示意图

Microsoft Excel - 2008吉林电力沙盘课程1.xls [共享]

年份 公司	起始年	1	2	3	4	5	6	7	8	总分
A	66 2	36 -30	12 -24	20 8	30 10	36 6	57 21			156.75
B	66 2	50 -16	36 -14	23 -13	6 -17	36 30	79 43			142.2
C	66 2	37 -29	5 -32	15 10	49 34	45 -4	51 6			107.1
D	66 2	43 -23	21 -22	28 7	36 8	48 12	57 9			125.4
E	66 2	34 -32	1 -33	1 0	13 12	12 -1	17 5			37.4
F	66 2	13 -53	3 -10	-7 -10	-26 -19	-24 2	-22 2			-35.2
本地		F	F	F	C	A	A	ACD		查看排名
区域			E	E	E	E	A	ADE		
国内				D	C	A	A			
亚洲					D	D	E			
国际						B	B			

图 3-7　模拟企业综合绩效评价结果示意图

复习思考题

1. 试述模拟企业的市场开拓、市场竞单规则、ISO 认证规则。如何应用上述规则制定广告营销策略？

2. 试述模拟企业的产品研发、厂房购买或租赁、生产线建设、原材料购进与上线生产规则。如何应用上述规则制定生产策略？

3. 试述模拟企业的财务融资贷款、综合费用归集、财务报表编制规则。如何应用上述规则制定财务策略？

4. 试述模拟企业的破产清算、经营绩效评价规则。如何应用上述规则制定企业的总体竞争策略？

第4单元

在模拟企业实习

 学习目标

- 熟悉模拟企业的业务流程与工作规范，为独立进行企业经营决策打好基础。
- 掌握模拟企业第 0 年业务运营的操作方法和流程，熟练掌握模拟企业运营记录表的填制方法。
- 掌握模拟企业第 0 年综合费用表、利润表、资产负债表的编制方法。

 引导案例

在模拟企业开始运营之前，华鑫公司首先对招聘的企业高级管理人员进行了专题培训，培训的重点是学习模拟企业的运营规则和市场竞争规则。培训工作结束后，华鑫公司新管理团队将面临着如何正式接手企业的问题。

在正式接手企业之前，华鑫公司新管理团队还需要一个适应过程。以赵强为首的公司原有管理团队对新管理团队需要"扶上马，送一程"。为此，华鑫公司董事会决定新管理团队将在公司进行为期一年的实习。在实习期间，以赵强为首的公司原有管理团队仍负责企业的经营决策，新管理团队的成员按管理岗位跟班作业，只行使作业执行权，不行使经营决策权。在这个阶段，新管理团队的工作重点是熟悉公司的业务流程，明晰企业的运营过程，进一步加深对模拟企业的运营规则和市场竞争规则的理解。

整个实习期是华鑫公司新老管理层交替的过渡期，为保持公司运营的相对稳定，华鑫公司董事会决定在第 0 年（也就是新管理团队的实习期）采用保守经营策略，在第 0 年只维持原有的生产规模，不进行新产品研发，不进行 ISO 认证，不开拓新的市场，不进行新的固定资产投资决策，不进行融资贷款，即只按公司原有的业务流程将生产的 P1 产品在本地市场销售。

实习期结束后，以赵强为首的原有公司管理层需要向新管理团队办理交接工作，华鑫公司董事会将与新管理团队签订相关协议，以规范双方的权利和义务。

4.1 初识沙盘

华鑫公司新管理团队面临的实习环境是一家模拟企业，模拟企业以一套沙盘模拟教具为载体，沙盘教具主要包括沙盘盘面、灰币、彩色原材料块、空桶、生产线标志、市场准入证、产品研发证书、ISO认证证书等。模拟企业沙盘盘面教具如图4-1所示。

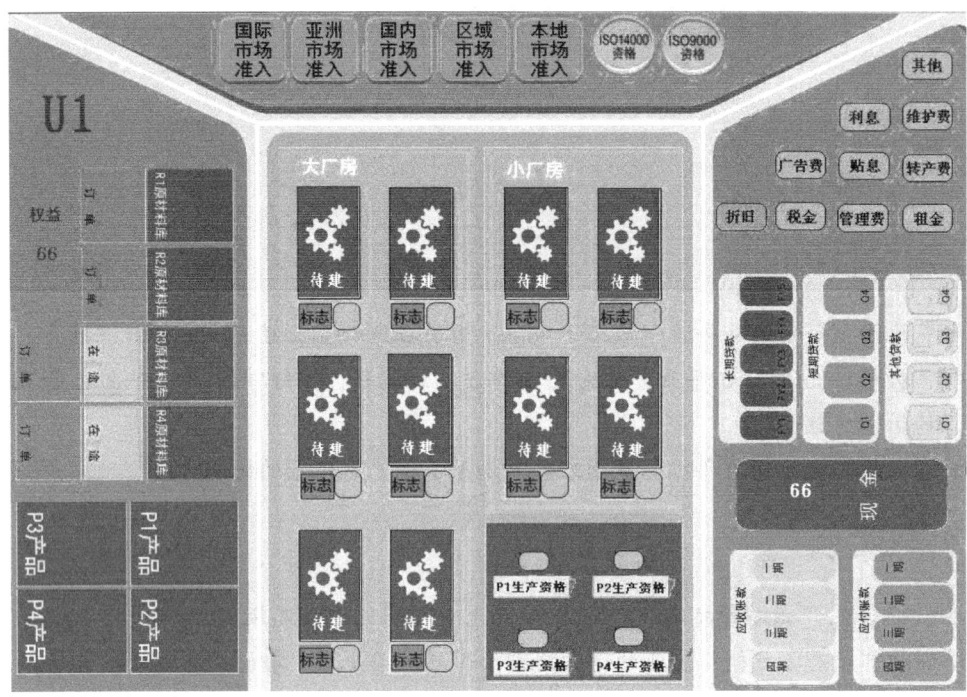

图 4-1　模拟企业沙盘盘面教具示意图

模拟企业沙盘教具除了沙盘盘面外，还有彩色原材料块、灰币、白色块、空桶等，其各自的含义如图4-2所示。

原材料

产品

资金

图 4-2　模拟企业沙盘其他教具示意图

彩色原材料块共分红、黄、蓝、绿 4 种颜色，分别代表 R1、R2、R3、R4 原材料，灰币代表资金或固定资产的价值，产品和在制品按产品物料清单由彩色原材料块与白色块组合而成，而白色块则代表人工费。其中：P1 产品由 1 个 R1 原材料（红色块）和 1M 加工费（白色块）构成；P2 产品由 1 个 R1 原材料（红色块）、1 个 R2 原材料（黄色块）和 1M 加工费（白色块）构成；P3 产品由 2 个 R2 原材料（黄色块）、1 个 R3 原材料（蓝色块）和 1M 加工费（白色块）构成；P4 产品由 1 个 R2 原材料（黄色块）、1 个 R3 原材料（蓝色块）、2 个 R4 原材料（绿色块）和 1M 加工费（白色块）构成。空桶放在原材料订单区，表示下 1 个原材料订单；空桶放在贷款区域，则表明向银行贷款（企业负债）20M。

沙盘的盘面还反映了模拟企业是由营销部、生产部、采购部和财务部四大管理职能部门组成的，各部门管理人员在沙盘中的工作区域，如图 4-3 所示。

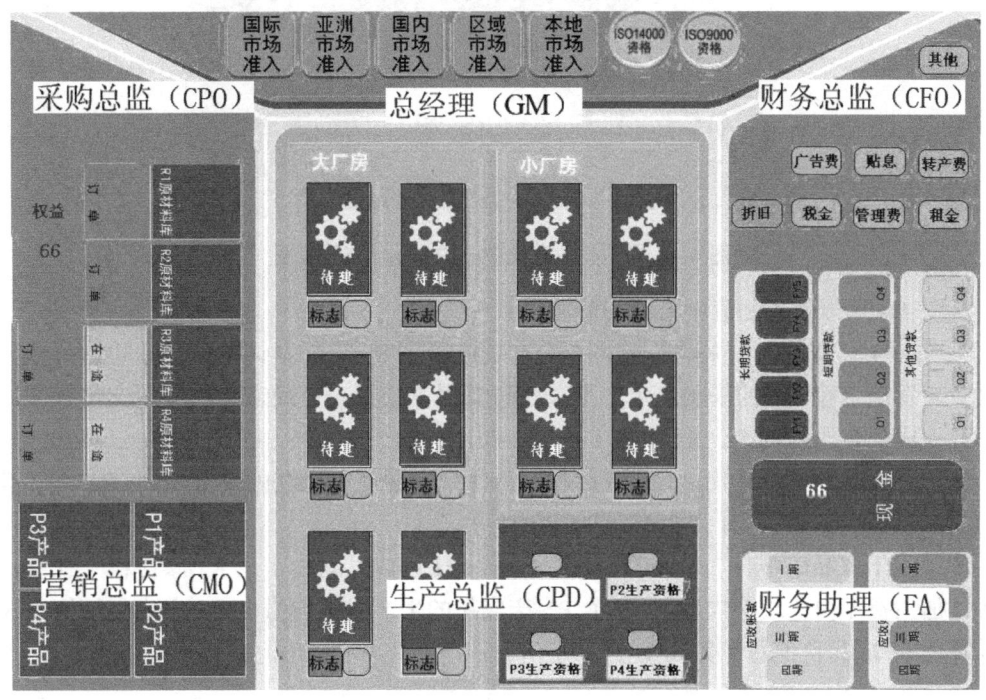

图 4-3　模拟企业管理职能部门管理人员的工作区域示意图

以上各职能部门覆盖了模拟企业运营的战略规划、市场营销、生产组织、采购管理、库存管理、财务管理等所有关键环节。由此可见，沙盘盘面是一个经过抽象提炼的离散型制造类企业的缩影。

沙盘盘面的营销部、生产部、采购部和财务部将分别是模拟企业设置的营销总监、生产总监、采购总监和财务总监的工作场所。

参加企业沙盘模拟的学生在组建完管理团队之后，结合自己担任的管理角色，按沙盘盘面划分的工作区域（见图 4-3）入座就职。教师将扮演董事长赵强的角色，负责指导新管理团队在模拟企业的实习。

4.2 企业初始状态设置

在第 0 年开始之前，赵强就已带着华鑫公司的老管理团队经营了若干年，第 0 年之初的各项资产负债状态，就是模拟企业的初始状态。

4.2.1 物流中心的初始状态

模拟企业物流中心的初始状态设置如图 4-4 所示。

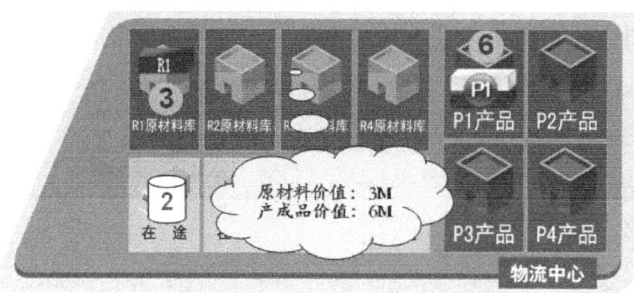

图 4-4　模拟企业物流中心的初始状态设置图

从图 4-4 可以看出物流中心的初始状态：

① 在 R1 订单区，由采购总监将 2 个空桶放置到 R1 原材料订单区，表明模拟企业已向供应商发出 2 个 R1 的采购订单。下采购订单时，模拟企业尚未向供应商支付货款，因此不计入模拟企业的资产。

② 在 R1 原材料库中有 3 个 R1 原材料（每个空桶放 1 个红色块），每个 R1 原材料价值为 1M，原材料价值总计为 3M。

③ 在 P1 成品库中有 3 个 P1 产成品（每个 P1 产成品均由 1 个 R1 原材料（红色块）和 1M 加工费（白色块）构成），每个 P1 产成品的生产成本均为 2M（产成品价值按成本价计算），产成品价值总计为 6M。

4.2.2 生产中心的初始状态

模拟企业生产中心的初始状态设置如图 4-5 所示。

从图 4-5 可以看出生产中心的初始状态：

① 在生产中心，由生产总监将 2 个整桶灰币（每桶 20 个灰币，价值 40M）放置到"大厂房"价值区内，表明模拟企业拥有 1 座价值 40M 的大厂房（高新园区投入的固定资产）。

② 在大厂房里，可以容纳 6 条 P 系列产品生产线。模拟企业创办以来，已购置了 3 条手工生产线和 1 条半自动生产线（生产总监将 3 条手工生产线和 1 条半自动生产线，从左到右依次摆放，再将 4 个 P1 生产线标志牌摆放在标志位置）。

③ 在扣除历年的设备折旧之后，目前手工生产线账面净值为 3M，半自动生产线账面净值为 4M（财务总监取灰币 3M、3M、3M、4M，分别放置于生产线下方的"净值"处），生产线价值总额为 13 M。

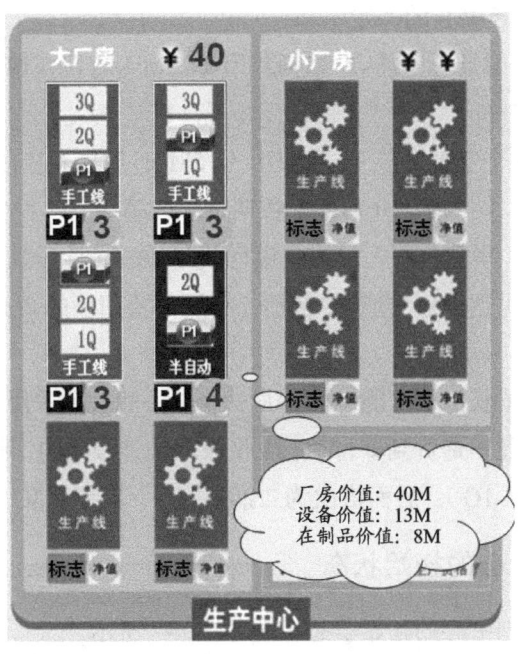

图 4-5 模拟企业生产中心的初始状态设置图

④ 在生产中心，4 条生产线上各有 1 个 P1 在制品（每个 P1 在制品均由 1 个 R1 原材料（红色块）和 1M 加工费（白色块）构成，生产总监将在制品放在每条生产线上，按图 4-5 所示的状态调整生产线在制品的产程），每个 P1 在制品的生产成本均为 2M（在制品价值按成本价计算），在制品价值总额为 8 M。

需要补充说明的是，手工生产线设置 3 个生产季度（Q），手工生产线上的 3 个 P1 在制品分别位于第 1、2、3 季度，半自动生产线设置 2 个生产季度，P1 在制品位于第 1 个生产季度。

4.2.3 财务中心的初始状态

模拟企业财务中心的初始状态设置如图 4-6 所示。

图 4-6 模拟企业财务中心的初始状态设置图

从图4-6可以看出财务中心的初始状态：

① 在财务中心，由财务总监将 1 整桶灰币（20M）放置在现金区位置，表明模拟企业现有 20M 现金可供支付。

② 由财务总监拿 1 个空桶，装 15 个灰币（15M），放置到应收账款三期的位置。

③ 由财务总监拿 2 个空桶，分别置于长期贷款区第 5 年（FY5）、第 4 年（FY4）账期位置，表明模拟企业（华鑫公司）目前欠银行债务 40M（此贷款是由高新园区投入的产业扶持贷款，期限最长可达 5 年），其中包括 5 年后需要归还的 20M 和 4 年后需要归还的 20M。

需要说明的是，为了获得尽可能多的客户，企业一般被迫采用赊销方式，即允许客户在一定期限内缴清货款而不是货到即付款。应收账款是分账期的，账期的单位为季度（Q）。离现金区最近的为一期（1Q），后面依次为二期（2Q）、三期（3Q）、四期（4Q）。

4.2.4 营销与规划中心的初始状态

模拟企业营销与规划中心的初始状态设置如图 4-7 所示。

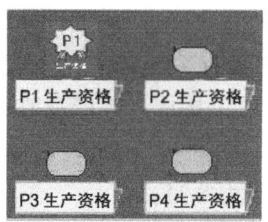

图 4-7 模拟企业营销与规划中心的初始状态设置图

从图 4-7 可以看出营销与规划中心的初始状态：

模拟企业目前已经取得 P1 产品的生产资格（营销总监将"P1 生产许可证"放置到生产资格规划区的"P1 生产资格"处）和"本地市场准入证"（营销总监将本地市场准入证放置到市场与认证规划区的"本地市场准入"处）。

需要说明的是，对于在生产资格规划区中，"P2 生产许可证"、"P3 生产许可证"、"P4 生产许可证"，以及在市场与认证规划区"区域市场准入证"、"国内市场准入证"、"亚洲市场准入证"、"国际市场准入证"、"ISO9000 资格证"、"ISO14000 资格证"等都需要新管理团队接手模拟企业后，视模拟企业的发展需要投资后方能取得。

4.2.5 企业初始状态的价值呈现

在沙盘盘面上可以形象地设置模拟企业的初始状态，如图 4-8 所示。

图 4-8 在沙盘盘面上较为形象地反映了模拟企业的初始资产负债状态，但这一初始状态还不能全面反映模拟企业的财务状况和经营成果。模拟企业的财务状况和经营成果可以在模拟企业提交的财务报告中得以呈现。反映模拟企业在第 0 年之初的经营成果的利润表及反映模拟企业资产财务状况的资产负债表分别如表 4-1 和表 4-2 所示。

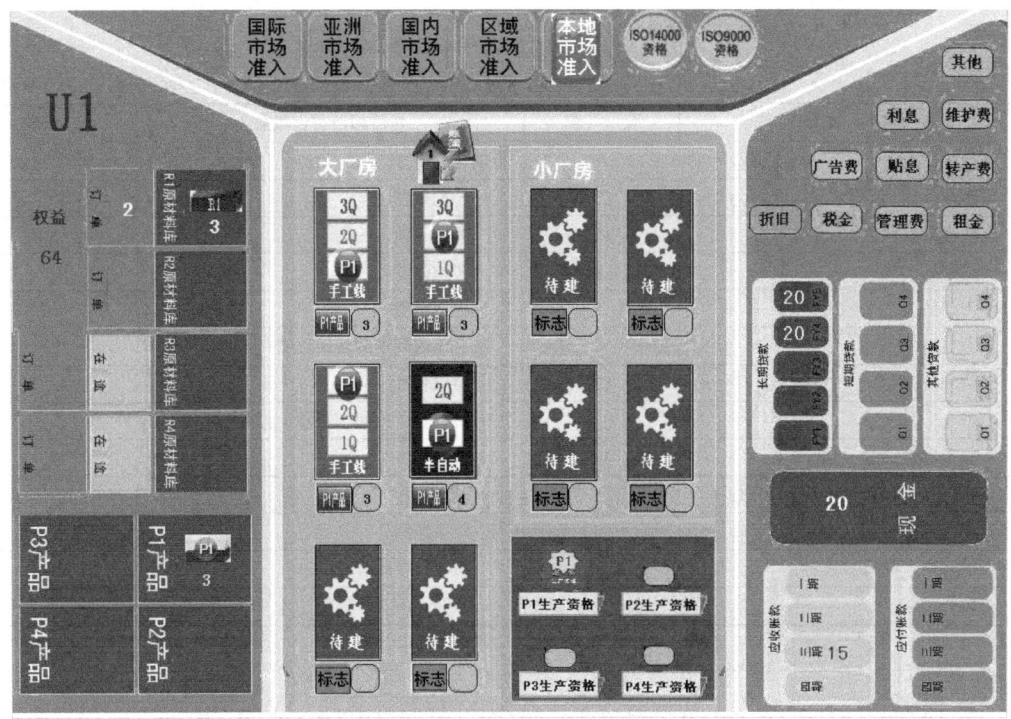

图 4-8　模拟企业的沙盘初始状态设置图

表 4-1　模拟企业第 0 年年初的利润表

单位：百万元（M）

项　　目	运 算 符 号	金　　额
销售收入	+	35
直接成本	−	12
毛利	=	23
综合费用	−	11
折旧前利润	=	12
折旧	−	4
支付息税前利润	=	8
财务收入/支出	+/−	4
其他收入/支出	+/−	0
税前利润	=	4
所得税	−	1
净利润	=	3

从表 4-1 中可以获得以下信息：

模拟企业在第 0 年的前一年实现销售收入 35M，扣除销售成本 12M，获得毛利 23M，再扣除综合费用 11M（包括行政管理费（4M）、广告费（3M）、设备维护费（4M））、折旧（4M）、财务支出（4M），模拟企业所获利润为 4M，计算并扣除所得税（按税前利润的 1/3 取整）后模拟企业所获净利润为 3M。

表 4-2 模拟企业第 0 年年初的资产负债表

单位：百万元（M）

资　　产		金　　额	负债和所有者权益		金　　额
流动资产：			负债：		
现金	+	20	长期负债	+	40
应收账款	+	15	短期负债	+	0
在制品	+	8	应付账款	+	0
产成品	+	6	应交税费	+	1
原材料	+	3	一年内到期的长期负债	+	0
流动资产合计	=	52	负债合计	=	41
固定资产：			所有者权益（或股东权益）：		
土地和建筑物	+	40	股东资本	+	50
机器和设备	+	13	利润留存	+	11
在建工程	+	0	年度净利	+	3
固定资产合计	=	53	所有者权益合计	=	64
资产总计	=	105	负债和所有者权益总计		105

从表 4-2 中可以获得以下信息：

① 模拟企业在第 0 年年初拥有现金（20M）、应收账款（15M）、在制品（8M）、产成品（6M）、原材料（3M），流动资产合计 52M；模拟企业的厂房（40M）、生产线（13M），固定资产合计 53M。模拟企业的总资产总计为 105M（105 百万元）。

② 模拟企业在第 0 年年初欠银行的长期借款 40M，年初应交税费 1M，负债合计 41M；模拟企业成立时拥有股东资本 50M（其中高新园区国资委 40M，赵强个人资本 10M），企业历年的利润留存 11M 和年度净利 3M，所有者权益合计 64M。模拟企业负债和所有者权益总计为 105M（105 百万元）。

沙盘盘面上模拟企业的资产要素和负债要素都有呈现，但企业的年度经营成果和所有者权益的变化情况，则只能通过模拟企业提交的利润表和资产负债表才能得到相关信息。

至此，我们就完成了模拟企业在第 0 年运营前的初始设置工作。

4.3　年初业务

完成模拟企业初始状态的设置后，新管理团队将在模拟企业进行为期 1 年的实习。模拟企业将全年的业务划分为年初业务、年中业务（4 个季度）、年末业务三个阶段，每个阶段再排列出若干项工作任务，编制成模拟企业运营记录表，如表 4-3 所示。

表 4-3　模拟企业运营记录表

序　号	手工操作流程	第1季度	第2季度	第3季度	第4季度
1	新年度规划会议				
2	广告投放				
3	参加订货会选订单/登记销售订单				
4	支付应付税				
5	支付长期贷款利息				
6	更新长期贷款/长期贷款还款				
7	申请长期贷款				
8	季初现金盘点（请填余额）				
9	更新短期贷款/短期贷款还本付息				
10	申请短期贷款				
11	更新应付账款/归还应付账款				
12	原材料入库/更新原材料订单				
13	下原材料订单				
14	购买（租用）厂房				
15	更新生产/完工入库				
16	新建生产线/在建生产线/生产线转产/变卖生产线				
17	紧急采购/企业间交易（随时）				
18	开始下一批生产				
19	更新应收账款/应收账款收现/追加权益				
20	按订单交货				
21	出售厂房（自动转租）				
22	产品研发投资				
23	支付行政管理费及其他				
24	新市场开拓				
25	ISO 资格认证投资				
26	出售库存（随时）				
27	应收账款贴现（随时）				
28	缴纳违约订单罚款				
29	支付设备维护费				
30	季末现金收入合计				
31	季末现金支出合计				
32	季末现金对账（8）+（30）-（31）				
33	计提折旧				（　）
34	结账				

提示：

模拟企业运营记录表所反映的内容：一是企业运营工作任务；二是企业运营工作任务的执行顺序，填写模拟企业运营记录表必须从上到下，从左到右依次进行。

操作时由总经理按规定顺序发布业务操作命令，各部门经理负责业务操作，操作完毕在空格内打上"√"，在涉及现金收支的空格中填写金额，为了帮助新管理团队熟悉企业的整个业务流程，要求所有实习人员对企业运营过程进行全程记录。

根据表4-3，模拟企业运营记录表中所列示的年初的 **7** 项工作如下：

1．新年度规划会议

新年度开始之际，模拟企业要在总经理的主持下进行企业年度经营规划，规划的内容主要包括：

① 确定企业的年度经营目标和发展战略；

② 编制年度销售计划和广告投放方案；

③ 确定战略投资项目（产品研发、市场开拓、ISO 认证、固定资产等投资）。

第0年是新管理团队在模拟企业的实习年，主要任务是通过实习熟悉企业的业务运营过程和流程，因此由教师扮演的董事长赵强的角色负责指导新管理团队在模拟企业的实习。第 0 年，模拟企业的经营决策要点主要由董事长赵强决策，具体的决策要点如下：

① 第0年模拟企业的年度经营目标和发展战略是维持简单再生产；

② 第0年年度销售计划与–1年持平，广告投放 1M；

③ 第0年不作战略投资，产品研发、市场开拓、ISO 认证、新生产线等投资留给新管理团队在未来的经营年度实施。

2．广告投放

财务总监将支出的广告费放置在沙盘盘面综合费用区域的"广告费"位置，并同时在运营记录表中记录支出的广告费的金额 "–1M"。

3．参加订货会选订单/登记销售订单

（1）参加订货会选订单

各模拟企业派营销总监参加客户订货会，按广告投放方案填写广告竞单表，由教师扮演客户代表主持订货会，按照市场地位、广告投放、竞争态势、市场需求等条件分市场分产品采用竞单方式分配客户订单。

在第0年，本地市场只有华鑫公司一家企业，由于没有竞争，模拟企业只投1M广告费就能在本地市场获取1张销售订单，如图4-9所示。

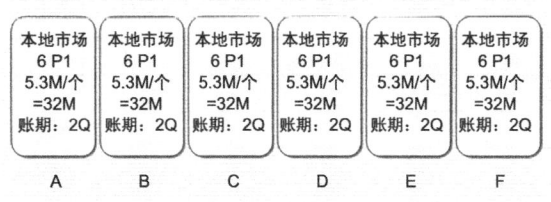

图 4-9 模拟企业第 0 年销售订单示意图

（2）登记销售订单

销售订单是模拟企业与客户签订的订货合同，营销总监选取并领取订单后，负责将订单登记在"订单登记表"中，如表4-4 所示。

表 4-4　订单登记表

订单号	LP1-1/6							合　计
市场	本地							
产品	P1							
数量	6							
账期	2Q							
销售额	32M							
成本								
毛利								
未售								

　　模拟企业的营销总监应详细记录每张销售订单的订单号、所属市场、产品类别、产品数量、订单销售额、应收账期、成本、毛利等内容。考虑到第 0 年是实习期，建议由营销总监组织所模拟企业的管理人员填写销售订单。

　　需要说明的是，销售订单中的成本、毛利等项目应在订单产品销货后再由营销总监填写。

　　在召开新年度规划会议时，由于模拟企业尚未得到销售订单，年度的生产经营活动还存在较大的不确定性，因此年度规划会议应该是战略性的、粗线条的；规划的重点是年度的战略性投资、广告及销售战略等。在参加年度销售会议并登记销售订单之后，模拟企业应根据本年度的销售订单制定新年度计划，其重点是编制流动资金预算和战略投资资金预算，并在此基础上形成模拟企业的年度资金预算。

　　① 编制流动资金预算：拿到了销售订单，也就确定了第 0 年的销售任务，需要以销售订单为依据，结合企业对未来的预期，编制生产订单、采购订单。财务部根据生产订单、采购订单就可以编制流动资金预算。

　　② 编制战略投资资金预算：根据产品研发、市场开拓、ISO 认证、固定资产等投资计划，编制战略投资资金预算（包括投资/融资计划）。

　　③ 编制年度资金预算：按照全年各项目的业务进程，以及流动资金支付和战略投资/融资的时间顺序编制年度资金预算，在执行过程中可视具体情况作适当调整。这样就可以将企业的生产、销售、采购、投资活动有机地结合起来，使企业各职能部门的工作在预算指导下进行运作，以避免企业经营决策的盲目性和随意性。（可参照附表 D 编制企业资金预算计划表）

4．支付应付税

　　依法按时纳税是每个企业应尽的义务，财务总监按照上年度利润表的"所得税"项目中的数值（1M）取出相应的 1M 现金放置于沙盘盘面上的综合费用区域的"税金"处，并在运营记录表中的"支付应付税"项目栏填写"–1M"。

　　需要说明的是，税金通常在年末由财务总监根据本年度利润表的"利润总额"计算"所得税"项目，并在本年度"利润表"中列示，在下一年度的年初缴纳，如果企业当年亏损，则不需要计算"所得税"项目。

5. 支付长期贷款利息

根据长期贷款的操作规则，长期贷款只要不到还款期限，每年只付息不还本。每桶灰币每年需要支付 2M（20M×10%）的利息，财务总监从现金区中取出长期借款利息 4M，放置于沙盘盘面综合费用区域的"利息"处，并做好现金收支记录（–4M）。

6. 更新长期贷款/长期贷款还款

（1）更新长期贷款

如果模拟企业有长期贷款，财务总监在此点操作时将空桶依次向现金区方向移动一格；例如，上年度空桶在"FY5"处，本年度则需要将空桶移至"FY4"处。当空桶移至"FY1"处时，应将此处的长期贷款在资产负债表的"一年内到期的长期负债"栏目中列示。

（2）长期贷款还款

当长期贷款移至现金区时，表示长期贷款到期，财务总监应从现金区中取出现金归还贷款本金并支付当年的利息，并做好现金支出记录。

7. 申请长期贷款

长期贷款只能在年初申请，所有长期贷款到期都实行先还后贷，能否贷到长期贷款，主要视模拟企业上年度所有者权益和已使用的长期贷款额度而定，模拟企业可以申请长期贷款的额度，是上年末所有者权益的 2 倍扣除已贷的长期贷款额度。根据第 0 年企业年度经营规划，本年度不贷长期贷款。

4.4 年中业务

年中业务按时间段划分为 4 个季度（Q），且每个季度都有 22 项工作任务，执行操作时需从上到下，从左到右依次执行。

1. 季初现金盘点（请填余额）

由财务总监盘点第 1 季度初现金区中的现金，并记录现金余额（14M）。

2. 更新短期贷款/短期贷款还本付息

（1）更新短期贷款

如果企业有短期贷款，财务总监将空桶向现金区方向移动一格。

（2）短期贷款还本付息

当空桶移至现金区时，表示短期贷款到期，应还本付息。短期贷款的还款规则是短期贷款到期利随本清。短期贷款到期时，每桶需要支付 1M 的利息，本金与利息共计 21M。此时，财务总监从现金区中取现金 21M，其中 20M 还给银行（教师处），1M 放置于沙盘盘面上的综合费用区域的"利息"处，并做好现金收支记录。

第 0 年期初模拟企业没有短期贷款，此处不操作。

3. 申请短期贷款

短期贷款只有在这一时点上才可以申请，并且可以申请的最高额度为上年度末所有者权益的 2 倍（扣除已有短期贷款额度）。

需要说明的是，所有短期贷款到期都必须先还后贷，模拟企业能否贷短期贷款，主要视其上年度所有者权益和已使用的短期贷款额度而定。

企业可以随时向银行申请高利贷，高利贷贷款额度由银行视企业经营状况而定。如果贷了高利贷，则将空桶放入其他贷款第 4Q 处，并于其中写纸条注明利息为 20%，其管理方法与短期借款相同。

4．更新应付账款/归还应付账款

（1）更新应付账款

财务总监将应付账款向现金区方向推进一格。

（2）归还应付账款

财务总监将应付账款按季度向现金区方向推进，当推进到现金区时，即应付款项变为现金支付，财务总监同时应做好现金支出记录。

需要说明的是，应付款项是供应商对模拟企业大批量采购原材料时给予的延迟付款优惠政策。通常情况下供应商的延迟付款优惠政策是与模拟企业采购原材料的数量相联系的，如果模拟企业采购原材料的订单数量在 5 个以下，则采用现金付款方式，6 ~ 10 个为 1 账期，11 ~ 15 个为 2 账期，16 ~ 20 个为 3 账期，21 个以上为 4 账期。模拟企业的采购量越大，应付账款的账期就越长。因此应付账款账期的长短与模拟企业的采购量相关。

5．原材料入库/更新原材料订单

（1）原材料入库

当供应商按采购订单将原材料运抵企业时，企业必须无条件接受原材料并按采购订单支付原材料款。采购总监将原材料订单区中的 2 个空桶向原材料库方向推进一格，到达原材料库时，向财务总监申请原材料采购款 2M 支付给供应商，换取 R1 红色原材料块 2 个。财务总监要在运营记录表中的"原材料入库"项目栏填写"–2M"。

（2）更新原材料订单

由于 R3、R4 原材料采购提前期为 2Q，第 1 季度（1Q）下的订单，到第 2 季度（2Q）时，采购总监将原材料订单区中的空桶由 1Q 推进到 2Q（在途）。

6．下原材料订单

采购总监根据年初制定的采购计划并结合生产订单的执行情况，决定采购原材料的品种及数量，每个空桶代表 1 个原材料订单，将相应数量的空桶放置于对应品种的原材料订单处，财务总监应提前备好下季度应支付的原材料款。

7．购买（租用）厂房

大厂房目前为模拟企业拥有产权的厂房，无须支付厂房租金，如果本年使用了小厂房并安装了生产线，此时要决定对于该厂房是购买还是租用。如果是购买，财务总监取出与厂房价值相等的现金（30M）放置到沙盘上生产中心的"小厂房"价值处；如果是租赁，财务总监取出与厂房租金相等的现金（3M）放置于沙盘盘面上综合费用区域的"租金"处。无论购买还是租赁，财务总监都应做好现金收支记录。

（1）购买厂房

财务总监从现金区拿出购买厂房的现金（大厂房40M，小厂房30M）直接放置到所购买厂房区域的"￥"处，财务总监在年末填制资产负债表时，将其记入固定资产中的"土地和建筑物"项目内。

（2）租用厂房

财务总监从现金区拿出租用厂房的现金（大厂房5M，小厂房3M）直接放置到沙盘综合费用区域的"租金"处，财务总监在年末填制综合费用表时，将其记入综合费用表的"租金"项目内。

8. 更新生产/完工入库

（1）更新生产

生产总监将各生产线上的在制品按生产进程向前推进一格。

需要说明的是，为了保证各条生产线的在制品准确地更新产程，建议生产总监按照生产线的顺序依次更新，以防搞乱各条生产线的产程。

（2）完工入库

生产总监将各生产线上的在制品按生产进程向前推进一格，推到头无法再更新时则表示产品已完工下线。将完工下线的产品放置到相应的产成品库。

9. 新建生产线/在建生产线/生产线转产/变卖生产线

（1）新建生产线

生产总监向设备供应商（教师）领取新生产线标志牌和产品标志牌，翻转放置于厂房中所要安装生产线的相应位置，并在上面放置与该生产线安装周期数相同的空桶。每个季度向财务总监申请投资额度（投资额度=设备购买价值/安装周期），并且财务总监应做好相应的现金收支记录。在全部投资完成后的下一季度，将生产线标志牌和产品标志牌翻转过来，翻牌当期可以投入使用。

（2）在建生产线

生产总监每个季度向财务总监申请投资额度（投资额度=设备购买价值/安装周期），并且财务总监应做好相应的现金收支记录。根据生产线投资规则，在建生产线可以停建（当期不向该生产线投资即视为停建），模拟企业可视资金状况决定生产线的停建或续建，生产线在全部投资完成后的下一季度，将生产线标志牌和产品标志牌翻转过来，翻牌当期可以投入使用。

（3）生产线转产

生产线转产是指某条自动生产线或半自动生产线由生产一种产品转而生产另外一种产品。手工生产线和柔性生产线由于可以生产任何品种的产品，因此不需要进行转产。全自动生产线和半自动生产线所需的调整时间及资金投入是不同的，如果需要转产某条全自动或半自动生产线，可根据生产线投资与变卖规则，由生产总监翻转生产线标志牌，按季度向财务总监申请并支付转产费用，当支付全部的转产费用后，于下一个季度再次翻转生产线标志牌，领取新的产品标志牌，方可开始新产品生产。财务总监做好现金收支记录。

（4）变卖生产线

当生产线上的在制品全部完工下线后，可以变卖生产线。如果此时该生产线净值等于残值，财务总监将生产线净值直接转到现金区中；如果该生产线净值大于残值，财务总监将从生产线净值中取出的等同于残值的灰币放置到现金区，并将净值与残值的差额部分放置于沙盘盘面综合费用区域的"其他"处，同时做好现金收支记录。

需要说明的是，生产线一旦建成投产，不得在本厂房或跨厂房随意移动。转产应按季度支付转产费用，当支付完全部的转产费用后，应于下一个季度再次翻转生产线标志牌，并领取新的产品标志牌。

10. 紧急采购/企业间交易（随时）

（1）紧急采购原材料

新批次产品上线时，原材料库中必须备有足够的对应原材料，否则会停工待料。此时采购总监可以考虑采用紧急采购方式加以补救，如果采用紧急采购方式购入原材料，可视同"原材料入库"处理。根据原材料采购规则，在采用紧急采购原材料的方式下支付正常原材料款（每个原材料价值 1M）并办理原材料入库时，每个原材料需要多支付 1M 的紧急采购费，且多支付的紧急采购费由财务总监从现金区支付等值现金，并放入沙盘盘面综合费用区域的"其他"处，同时做好现金收支记录。

（2）企业间交易原材料

新批次产品上线时，原材料库中必须备有足够的对应原材料，否则会停工待料。此时采购总监可以考虑采用企业间交易原材料的方式加以补救，如果高于原材料价值购入，购买方则需要将差额（原材料购入价与原材料标准成本价值）记入利润表中的"其他支出"栏内；售出方将差额（原材料购入价与原材料标准成本价值）记入利润表中的"其他收入"栏内，双方企业的财务总监都应做好现金收支记录。

（3）紧急采购产品

当模拟企业无法按订单向客户交付产品时，营销总监可以考虑采用紧急采购方式加以补救。根据产品紧急采购规则，采用紧急采购产品方式时，每个产品需要多支付该产品标准成本 2 倍的紧急采购费。例如，P1 产品的标准成本为 2M，则 P1 产品的紧急采购费为4M。对于多支付的紧急采购费由财务总监从现金区支付等值现金，并放入沙盘盘面综合费用区域的"其他"处，并同时做好现金收支记录。

需要说明的是，期末统计产品销售成本时仍按标准成本计算。

（4）企业间交易产品

如果两家模拟企业于订货会召开前就签订了委托加工产品协议，则应按协议规定的交货期购买/出售产品。交易时，如果委托加工产品以产品成本价格成交，则交易双方均不作损益调整；如果委托加工产品以高于产品成本价格成交，则交易价格与产品成本之间就会产生差额（委托加工产品毛利），对于购买方来说，应将差额部分记入综合费用表的"其他"栏内，而卖出方则记入利润表的"其他收入"栏内，委托加工产品的交易额不能计入销售收入。如果购买方买入的委托加工产品当年没有销售出去，则该产品按成本价计算产品价值。双方财务总监在交易时都应按实际的交易额做好现金收支记录。

需要说明的是，企业间交易产品，必须在订货会召开前签订委托加工产品协议，否则只能通过紧急采购方式采购产品或接受违约处罚。

11．开始下一批生产

某条生产线在执行"更新生产/完工入库"后，若该生产线的在制品已经完工，则可以开始生产新产品，由生产总监按照产品物料清单从原材料库领出原材料，并向财务总监申请并支付产品加工费，将上线产品摆放到第 1 产程（1Q）。

12．更新应收账款/应收账款收现/追加权益

（1）更新应收账款

财务总监将应收账款向现金区方向推进一格。

（2）应收账款收现

财务总监将应收账款按季度向现金区方向推进，当推进到现金区时，应收账款变为现金，同时应做好现金收入记录。

（3）追加权益

当企业出现资金断链或资不抵债时，教师可通过追加权益为困难模拟企业增加现金，财务总监同时应做好现金收入记录。

13．按订单交货

营销总监按销售订单约定的时间、品种、数量，将产品出售给客户。交货时营销总监或营销助理携带销售订单和产品到客户（教师）处销货。若货款为现金，应交给财务总监将现金置于现金区，财务总监应同时做好现金收入记录；若货款为应收账款，应将应收账款经财务总监之手放置于应收账款的对应账期上。财务总监还应在订单登记表中核算该订单的销售成本和毛利。

需要说明的是，加急订单必须于第 1 季度交货；本年度的非加急订单最迟应在第 4 季度交货；交货时必须按订单整单交货。

如果不能按期交货，则需要进行违约罚款，这样势必影响到该模拟企业的市场地位。若加急订单于第 1 季度不能按时交货但在第 4 季度可以交货，则罚款额度为该订单的毛利；若加急订单于第 4 季度不能交货，则罚款额度为该订单的单额（100%罚款）；若普通订单于第 4 季度不能交货，则罚款额度为该订单的毛利。所有违约罚款期末均记入综合费用表的"其他"栏内，其订单视同正常销售并计算销售收入、成本、毛利。

下一年度模拟企业应先将违约订单按成本价进行实物交割，再受理按订单交货业务。

14．出售厂房（自动转租）

（1）出售厂房

当模拟企业资金不足时可以出售厂房，厂房按购买时的价值出售，但得到的是 4Q 的应收账款。出售厂房时，财务总监将厂房价值（灰币）放置到应收账款的 4Q 处。

（2）自动转租

当模拟企业出售厂房时，厂房中无生产线，则不需要支付租金；当模拟企业出售厂房时，厂房中尚有生产线，则模拟企业需要支付相应的租金。财务总监将厂房租金从沙盘盘面现金区放置到综合费用区域的"租金"处，同时应做好现金支出记录。

15. 产品研发投资

模拟企业在年初制定产品研发计划，生产总监于此时向财务总监申请支付研发资金，并将其放置到生产资格区的相应产品生产资格位置，财务总监同时应做好现金支出记录。

需要说明的是，产品研发投资于最后一期完成，到下一期领取相应产品的生产许可证并可上线生产。

16. 支付行政管理费及其他

管理费用是模拟企业支付的公司管理人员的工资，每季度 1M，财务总监取出 1M 放置到沙盘盘面综合费用区域的"管理费"处，并同时做好现金支出记录。

至此，一个季度的正常业务运营就基本上算是完成了，但模拟企业在正常业务运营过程中可能会出现运营资金断链情况，因此需要进行特殊业务运营，其中包括出售库存、应收账款贴现、支付违约罚款等。

17. 出售库存（随时）

模拟企业在正常业务运营过程中如果出现运营资金断链情况，需要出售库存换取现金。

（1）出售原材料库存

模拟企业在正常业务运营过程中如果出现运营资金断链情况，需要出售库存原材料换取现金，由采购总监将原材料按 1∶1 方式换成等值现金交予财务总监放置到"现金"区。由于按 1∶1 方式完成了资产的等值置换，因此出售原材料不影响模拟企业的损益。

（2）出售产品库存

模拟企业在正常业务运营过程中如果出现运营资金断链情况，需要出售库存产品换取现金，由营销总监将产品按成本价换成等值现金交予财务总监放置到"现金"区，由于按成本价完成了资产的等值置换，因此出售产品不影响模拟企业的损益。

18. 应收账款贴现（随时）

模拟企业在正常业务运营过程中出现资金缺口又不具备银行贷款条件的情况下，为避免出现运营资金断链情况，需要将应收账款贴现换取现金。应收账款贴现可以随时进行，其贴现获取的现金随时可以支付任何时点的费用开支。

应收款应按 7 的整数倍贴现，并且应收款贴现时，财务总监按 7 的整数倍取出应收账款，再按每 7 个应收账款取 1M 作为贴现费用置于综合费用区域的"贴息"处，其余应收账款放入"现金"区，并做好现金收支记录。

19. 缴纳违约订单罚款

除以上现金支付项目外，模拟企业在运营过程中还有一些没有可供支付记录的项目，如支付违约金、罚款等，可以直接记录在该项目中。

20. 季末现金收入合计

统计本季度现金收入总额，现金收入的类型包括取得的银行贷款、应收账款收现或贴现、原材料或产品的变现收入、出售生产线的残值收入等。

21. 季末现金支出合计

统计本季度现金支出总额，现金支出的类型包括归还的银行贷款本金及利息、支付的原材料采购款、支付的厂房购置费或厂房租金、支付的生产线投资款与转产费、支付的产品加工费、支付的新产品研发费、支付的行政管理费、支付的其他罚金与违约款等。

22. 季末现金对账

从第1~3季度及年末，财务总监需要盘点现金余额并做好对账工作。第1~3季度现金余额等于季初现金余额加上本季现金收入合计，然后减去本季现金支出合计。第4季度的现金收支及余额统计数字中包括四季度本身的和年末业务发生费用，年末现金余额等于第4季度初现金余额加上四季度现金收入合计，然后减去四季度现金支出合计，最后减去年末现金支出合计。年末现金余额要与模拟企业年末资产负债表中的"现金"项目相符合。

4.5　年末业务

年末业务共计5项，主要是处理全年的费用开支，支付战略投资项目所需资金。

1. 新市场开拓

财务总监根据模拟企业年初制定的市场开拓计划，按市场开拓规则取出现金并放置在要开拓的市场区域，同时做好现金支出记录。市场开发完成后，从市场监督（教师）处领取相应的市场准入证放置到相应的市场准入处，下一年度可在新开拓的市场投放广告并选取订单。

2. ISO资格认证投资

财务总监根据模拟企业年初制定的ISO认证投资计划，取出现金并放置在所要进行ISO认证的区域，同时做好现金支出记录。认证完成，从国际认证机构（教师）处领取相应的ISO资格证书放置到ISO认证处。

3. 支付设备维护费

模拟企业在用的每条生产线每年需支付1M的设备维护费。在第0年，财务总监取相应现金（4M）放置于沙盘盘面综合费用区域的"维护费"处，并做好现金收支记录（–4M）。

需要说明的是，是否支付设备维扩护费，主要看生产线在第4季度的状况，如果生产线在第4季度变卖且没有新上生产线，则该条生产线无须支付维护费。新生产线在第4季度没有翻牌，也无须支付维护费，处于转产期的生产线仍需要支付维护费。

4. 计提折旧

模拟企业的厂房不计提折旧，之所以如此是因为厂房由土地和建筑物两部分组成，土地地价的升值与建筑物的折旧的贬值相互对冲。生产线设备每年按直线法计提折旧，当生产线设备净值等于残值时，该生产线不再计提折旧。财务总监从设备净值中取折旧费放置于沙盘盘面综合费用区域的"折旧"处。由于计提折旧时只涉及生产线净值和折旧费用两个项目，与现金流无关，因此在任务清单中特别标注了"（　）"以示区别，计算现金收/支合计时不应考虑该项目，本年度计提折旧4M（每条生产线各计提1M的折旧费）。

需要说明的是，在建工程（当年在建的生产线）及当年新建生产线不计提折旧，在第4季度已出售的生产线，由于已作损益处理，所以也不再计提折旧。

5. 结账

一年生产经营活动终结后，在年终要结账。结账的含义是要停止一切生产经营活动，对各项资产、负债、费用开支进行盘点，呈现本年度的经营成果与资产负债状况，同时也为编制利润表和资产负债表做好准备。年末结账时要结出现金余额，年末现金余额要与模拟企业年末资产负债表中的"现金"项目相符合。

需要说明的是，一旦结账，就要停止一切生产经营活动，所有的业务操作流程只能从上到下，从左到右依次进行，绝对不能违反业务流程违规倒转，否则，将视为严重作弊现象进行处罚，直至取消课程学习或比赛。

4.6　编制财务报表

编制财务报表是模拟企业年度中的最后一项工作。财务报表是企业向外提供的反映企业财务状况和经营成果的重要文件，在企业经营决策沙盘模拟过程中，只编制并公布财务报表中的资产负债表和利润表。

由于编制利润表需要统计销售收入和成本及综合费用等数据，所以在编制财务报告前，必须先编制产品销售核算统计表和综合费用明细表。

4.6.1　编制产品销售核算统计表

产品销售核算统计表是按产品品种、类别对各产品全年销售数据进行汇总统计，模拟企业第0年产品销售核算统计数据，一般是根据第0年订单登记表中的合计数计算得出的，如表4-5所示。

表4-5　模拟企业第0年产品销售核算统计表

单位：百万元（M）

产品项目	P1	P2	P3	P4	合　计
数量	6				
销售额	32M				32M
成本	12M				12M
毛利	20M				20M

4.6.2　编制综合费用明细表

综合费用明细表主要用于记录企业日常运营过程中发生的各项管理费用、营业费用及市场开拓、产品研发、ISO认证等战略性投资费用。模拟企业第0年综合费用明细表如表4-6所示。

表 4-6　模拟企业第 0 年综合费用明细表

单位：百万元（M）

项　　目	金　　额	备　　注
管理费	4	
广告费	1	
维护费	4	
租金		
转产费		
市场开拓		□区域　□国内　□亚洲　□国际
ISO 资格认证		□ISO9000　　□ISO14000
产品研发		P2（　　）　P3（　　）　P4（　　）
其他		
合计	9	

补充说明：

在综合费用明细表中，对于市场开拓、ISO 资格认证和产品研发费用不仅要在明细表中记录本年投入的总金额，还要在备注栏中标明具体的投放明细，市场开拓、ISO 资格认证在备注栏中的相关项目上打"√"加以确认；产品研发在对应项目后的括号中填写本年度实际投入的金额。

4.6.3　编制利润表

利润表是反映模拟企业全年经营成果的财务报表，模拟企业第 0 年利润表如表 4-7 所示。

表 4-7　模拟企业第 0 年利润表

单位：百万元（M）

项　　目	运 算 符 号	上 年 数	本 年 数
销售收入	+	35	32
直接成本	−	12	12
毛利	=	23	20
综合费用	−	11	9
折旧前利润	=	12	11
折旧	−	4	4
支付息税前利润	=	8	7
财务收入/支出	+/−	4	4
其他收入/支出	+/−	0	
税前利润	=	4	3
所得税	−	1	1
净利润	=	3	2

利润表编制说明：

① 销售收入来源于产品核算统计表中的销售额合计；

② 直接成本来源于产品核算统计表中的成本合计；

③ 毛利=销售收入-直接成本；

④ 综合费用来源于综合费用明细表中的"管理费+广告费+维护费+租金+转产费+市场开拓费+ISO 资格认证费+产品研发费+其他费用"；

⑤ 折旧前利润=毛利-综合费用；

⑥ 折旧取值于沙盘盘面综合费用区域的"折旧"处；

⑦ 支付息税前利润=折旧前利润-折旧；

⑧ 财务收入/支出取值于长期贷款、短期贷款、高利贷、贴现等收取/支付的利息；

⑨ 其他收入/支出取值于委托加工产品的毛利收入、变卖生产线净收入、出售原材料的净收入/ 委托加工产品的毛利支出、变卖生产线净损失、出售原材料的净损失、支付各类违约金及罚款；

⑩ 税前利润=支付息税前利润+财务收入-财务支出+其他收入-其他支出；

⑪ 所得税按税前利润数据的 1/3 取整，从第 1 年开始所得税税率调整为税前利润的 25%；

⑫ 净利润=税前利润-所得税。

需要说明的是，如果当年净利润为负数，则当年不纳税，若企业连续亏损后出现赢利，可用来弥补以前年度的亏损。判断是否纳税的依据是所有者权益是否恢复到第 0 年的水平。

4.6.4 编制资产负债表

资产负债表是反映企业财务状况的财务报表。模拟企业第 0 年资产负债表如表 4-8 所示。

表 4-8 模拟企业第 0 年资产负债表

单位: 百万元（M）

资　产		期初数	期末数	负债和所有者权益		期初数	期末数
流动资产:				负债			
现金	+	20	44	长期负债	+	40	40
应收账款	+	15	0	短期负债	+	0	0
在制品	+	8	8	应付账款	+	0	0
产成品	+	6	6	应交税费	+	1	1
原材料	+	3	0	一年内到期的长期负债	+	0	0
流动资产合计	=	52	58	负债合计	=	41	41
固定资产:				所有者权益（或股东权益）:			
土地和建筑物	+	40	40	股东资本	+	50	50
机器和设备	+	13	9	利润留存	+	11	14
在建工程	+	0	0	年度净利	+	3	2
固定资产合计	=	53	49	所有者权益合计	=	64	66
资产总计	=	105	107	负债和所有者权益总计	=	105	107

资产负债表编制说明：

① 现金：盘点沙盘盘面财务中心"现金"区中的灰币数量；

② 应收账款：盘点沙盘盘面财务中心"应收账款"的灰币数量；

③ 在制品：盘点沙盘盘面生产中心各条生产线上的"在制品"的价值（按生产成本计价）；

④ 产成品：盘点沙盘盘面物流中心各成品库中的产成品（按生产成本计价）；

⑤ 原材料：盘点沙盘盘面物流中心各原材料库中的原材料彩色块；

⑥ 流动资产合计=现金+应收账款+在制品+产成品+原材料（各项资产价值之和）；

⑦ 土地和建筑物：盘点沙盘盘面生产中心厂房的价值（灰币数额）；

⑧ 机器和设备：盘点沙盘盘面生产中心各条生产线的净值之和；

⑨ 在建工程：盘点沙盘盘面生产中心各条在建生产线的投资额（灰币数额）；

⑩ 固定资产合计=土地和建筑物+机器和设备+在建工程（各类固定资产价值之和）；

⑪ 资产总计=流动资产合计+固定资产合计（各类资产价值之和）；

⑫ 长期负债：盘点沙盘盘面财务中心长期贷款区中的空桶数量（每桶负债20M），一年内到期的长期负债（放置在FY1的空桶内）除外；

⑬ 短期负债：盘点沙盘盘面财务中心短期贷款区中的空桶数量（每桶负债20M）；

⑭ 应付账款：盘点沙盘盘面财务中心"应付账款"的灰币数量；

⑮ 应交税费：根据利润表中计算的所得税填列，当年计算，下年初缴纳；

⑯ 一年内到期的长期负债：盘点沙盘盘面财务中心长期贷款区中放置在FY1中的空桶（每桶负债20M）；

⑰ 负债合计=长期负债+短期负债+应付账款+应交税费+一年内到期的长期负债（各项负债价值之和）；

⑱ 股东资本：模拟企业成立时的注册资本（50M）；

⑲ 利润留存：模拟企业上年利润留存+上年年度净利；

⑳ 年度净利：根据利润表中计算的年度净利润填列；

㉑ 所有者权益合计=股东资本+利润留存+年度净利（各项权益价值之和）；

㉒ 负债和所有者权益总计=负债合计+所有者权益合计（各项价值之和）；

㉓ 资产总计=负债和所有者权益总计。

复习思考题

1. 模拟企业一年的生产经营活动划分为哪几个阶段？各阶段需要做哪些规划工作？

2. 试述模拟企业第 0 年业务运营的操作方法和流程，以及模拟企业运营表各项目的填制方法。

3. 模拟企业年末需要编制、汇总哪些报表？试述模拟企业第 0 年综合费用表、利润表、资产负债表的编制方法。

第5单元

模拟企业实训

学习目标

- 熟练掌握模拟企业 1~6 年的业务运营与工作规范，掌握衔接销售、生产、采购环节等业务流程，为科学决策打好基础。
- 熟练掌握模拟企业编制产品研发、市场开拓、ISO 认证、生产线投资与改造等战略投资计划，并能熟练编制模拟企业 1~6 年广告投放方案、年度业务计划与资金预算计划。
- 熟练掌握模拟企业编制 1~6 年综合费用表、利润表、资产负债表的方法与技巧，并能根据年度报表进行模拟企业经营分析和财务分析。
- 掌握模拟企业绩效评价方法，熟练运用平衡计分卡进行年度绩效考核，应用破产清算模式和可持续发展清算模式对模拟企业进行终结性经营绩效评价。

引导案例

经过在华鑫公司进行为期一年的实习，新的管理团队逐渐熟悉了公司的业务流程，明晰了企业的运营过程，也进一步加深了对模拟企业运营规则和市场竞争规则的理解。实习期结束之后，新的管理团队将从第 1 年开始正式接手模拟企业的经营管理。

在正式接手模拟企业之前，以赵强为首的原有公司管理团队向新的管理团队办理交接手续并移交了公司管理权。为规范所有者与经营者双方的权利和义务，华鑫公司董事会还与新的管理团队签订了相关资产管理协议文件。

为了加快实现 P 系列产品的产业化，滨海市高新技术园区管委会在借鉴华鑫公司孵化经验的基础上，又孵化克隆出若干家生产 P 系列产品的高新技术企业。这些企业开办之初的生产规模、产品类型、业务模式等都与华鑫公司相同，并将作为模拟市场主体，既相互竞争，又相互合作，通过新产品研发，改进生产设施，将 P 系列产品渐次推向区域市场、国内市场、亚洲市场、国际市场。面对越来越明朗的市场前景，相信经过若干年的发展，滨海市高新技术园区将成为 P 系列产品的研发、生产基地。

面对新接手的模拟企业，面对新增加的竞争对手，面对复杂多变的市场环境和竞争格

局，新的管理团队将面临如何制定公司发展战略，如何规划产品研发、市场开拓、生产线改造等战略投资，如何制定广告投放计划、如何编制年度经营计划与资金预算、如何科学衔接销售、生产、采购环节等诸多方面的难题。

为了帮助新的管理团队解决上述难题，高新技术园区特聘请滨海市财经大学的赵教授作为企业管理咨询顾问举办了多场专题讲座，本单元内容就是专题讲座的讲稿，相信读完本单元，各位管理精英将能从中找出解决上述管理难题的答案。

5.1 制定企业发展战略

5.1.1 企业战略的含义

战略是竞争的产物，在激烈、复杂多变的市场竞争环境中，企业要想求得生存和发展，就离不开正确的企业发展战略。

"战略"一词最早为军事术语，"战"通常指战斗、战争，"略"指策略、计划。《中国大百科全书·军事卷》对"战略"一词的解释是，"战略是指导战争全局的方略，即战争指导者为达成战争的政治目的，依据战争规律所制定和采取的准备和实施战争的方针、政策和方法。"

20世纪60年代，美国管理学家钱德勒将"战略"一词应用于企业管理领域，并将"企业战略"（Business Strategy）定义为"战略是企业长期基本目标的确定，以及为贯彻这些目标所必须采纳的行动方针和资源配置"。简而言之，企业战略是对企业发展的长期性和全局性的谋划。

5.1.2 企业战略的特征

根据企业战略的定义，企业战略的特征包括以下几个方面。

1. 全局性和整体性

从企业战略所涉及的内容和部门来看，企业战略具有全局性和整体性的特征。企业战略事关企业的总体发展，它所追求的是整体效果，是对企业整体的经营决策方向和目标进行战略规划和设计，而不是单纯针对企业市场营销、产品生产、原材料采购、财务管理等部门所作的业务谋划。因此，企业战略对企业未来发展具有全面的指导意义。

2. 长期性和风险性

制定企业战略应着眼于企业的长远发展，企业战略规划考虑的是企业未来3~5年，甚至6~8年的总体发展愿景，这体现的是企业战略的长期性。在企业战略实施的过程中存在着许多不可预知性和不确定性，而这些不可预知性和不确定性既会为企业发展带来机遇，也会给企业经营带来一定的风险。因此，任何企业战略决策都将具有一定的风险性。

3. 系统性和层次性

企业战略涉及企业发展的方方面面，即企业战略具有系统性，因此必须对其采用系统分析与管理的方法实施管理。由于企业战略还涉及各个业务部门的相互配合与协调，所以在实施的过程中，还必须将企业战略目标按战略主体进行层层分解，并将企业总的战略目标进一步分解为企业各部门的职能层战略目标。

4．稳定性和动态性

企业战略涉及对企业长期发展的规划，即企业战略具有稳定性，因此在企业发展过程中必须以企业战略为核心制定企业各年度的工作计划。企业战略的动态性是指企业战略在实施过程中会随着企业环境的改变而作出相应的局部调整。因此，企业战略只有通过创新和变革，才能与企业的发展环境相适应。

5.1.3　企业战略的构成要素

对于企业战略的构成要素在学术界存在较大的争议，目前比较流行的是美国战略学家安索夫在其著作《企业战略论》中的定义，即企业战略的构成要素主要包括以下几个方面。

1．经营范围

企业的经营范围，从内容上讲主要包括企业的产品种类与市场领域两个方面，从时间维度来看主要包括企业目前的经营范围（企业目前正在做什么）和企业将来的经营范围（企业将来要做什么），企业战略所确定的经营范围决定了企业未来的发展空间。

2．成长方向

成长方向是指企业的产品种类与市场领域如何组合及应该向什么方向发展，安索夫根据现有企业的产品种类与市场领域和未来企业战略规划的产品种类与市场领域进行组合，形成企业成长的四大方向，如表 5-1 所示。

表 5-1　企业战略成长方向

战 略 组 合	现 有 产 品	新 产 品
现有市场	市场渗透战略	新产品开发战略
新开市场	市场开发战略	多元化经营战略

（1）市场渗透战略

采用市场渗透战略，是指通过将企业现有的产品种类与现有市场组合而成的企业成长战略，例如在沙盘模拟中第 1 年将 P1 产品与本地市场的组合。市场渗透战略要达到的目标是立足于现有产品和市场，最大限度地扩大销售，提高产品市场占有率。

（2）市场开发战略

采用市场开发战略，是指通过将企业现有产品种类与新开市场组合而成的企业成长战略，例如在沙盘模拟中第 5 年将 P1 产品与国际市场的组合。市场开发战略要达到的目标是根据现有产品品种开发新的市场，最大限度地扩大销售，提高产品市场占有率和产品销售利润率。

（3）新产品开发战略

采用新产品开发战略，是指通过将企业新产品种类与现有市场组合而成的企业成长战略，即企业通过向目前市场投放新的产品种类，以实现扩大企业销售的战略目标，例如在沙盘模拟中第 2 年将 P2 产品投放到本地市场。新产品开发战略要达到的目标是根据现有市场（如本地市场）开发新的产品种类，最大限度地扩大销售，以巩固现有的市场地位。

（4）多元化经营战略

采用多元化经营战略，是指通过将企业新产品种类与新开市场组合而成的企业成长战略，例如在沙盘模拟中第 2 年将 P2 产品与区域市场的组合，第 4 年将 P3 产品与亚洲市场的组合等。企业实施多元化经营战略要达到的目标是降低企业发展的风险，获得市场竞争优势。

3. 竞争优势

竞争优势是指某一企业在特定的产品种类与市场领域比其他企业更具有优势。企业竞争优势的取得主要依靠企业高层的战略决策能力（干正确的事，强调决策力）和企业管理职能部门的协同能力（正确地干事，强调执行力）。

4. 协同效应

协同效应是指若干因素的有效组合比各个因素单独作用将产生更大的效应，可分为外部协同效应和内部协同效应。外部协同效应在沙盘模拟过程中的充分体现，有如现代企业之间的分工合作对企业战略目标达成的重要性。内部协同效应在沙盘模拟过程中的充分体现，有如销售与生产的协同，生产与采购的协同，财务与销售的协同，生产、采购与销售的协同等。

5.1.4 企业战略的实施步骤

企业战略的实施步骤主要包括以下四个方面。

1. 准确分析企业环境

准确分析企业的外部环境和企业内部的资源环境，是正确制定企业战略的立足点和出发点。

企业的外部环境主要包括宏观政策环境和市场竞争环境，在企业经营决策沙盘模拟过程中，企业的外部环境主要被抽象为模拟市场竞争环境。

企业内部的资源环境主要表现为企业的生产经营要素，主要包括销售市场与渠道、生产设施、仓储设施、货币资金、研发平台、信息系统、人力资源等。

2. 制定战略目标

在一定的时间和空间范围内，企业所能达的战略目标是有限的。因此，企业为谋求长期生存和发展，应该在准确分析企业环境的基础上，以正确的战略指导思想为依据，对企业战略发展目标、重大的经营管理方向、方针、策略和实施步骤，作出长远的、系统的、基于全局的谋划。

3. 实施战略管理

战略管理是企业管理的最高层次，它是在准确分析企业环境的基础上，根据企业的战略目标所实施的管理活动。通过实施战略管理，可以使企业尽快地适应外部环境，最大限度地整合内部资源环境，以取得良好的企业竞争态势和最佳的经济效益。

4. 进行企业战略评价与控制

在实施战略管理的过程中，企业应该分阶段对实施战略管理的效果进行评价。评价方法可采用波士顿矩阵、行业吸引力-竞争能力分析法、产品生命周期法等。战略控制是通过企业战略评价，及时调整企业战略目标和实施方法，以战略决策指导和约束业务活动，最终实现企业的战略目标。

5.2 企业战略定位

5.2.1 准确分析企业环境

企业作为以赢利为目的，独立从事生产经营活动的经济组织，要从外部环境获取资金、技术、原材料、人员等生产经营要素。通过在企业内部利用这些要素进行加工生产，通过销售产品实现价值转换和价值升值，以达到企业外部环境和内部资源的最佳动态平衡。

准确分析企业环境，其目的是了解企业外部环境中的哪些要素能为企业带来发展机遇，哪些要素会对企业形成威胁。进而了解企业内部资源是否充足、企业内部资源配置是否合理。只有全面、准确地把握企业的竞争优势和劣势，才能使企业制定的战略不脱离实际。

SWOT（Strengths、Weaknesses、Opportunities and Threats）分析是制定企业战略时可以参照的一种方法。采用这种决策方法的根本目的是把自己的企业和竞争对手的优势、劣势、机会和挑战进行比较，然后决定某项战略投资（如新产品研发、新市场开拓、新生产线投资）是否可行，其投资的效益是否合算。作 SWOT 分析，有利于企业趋利避害，化劣势为优势，化挑战为机遇，正可谓"知己知彼、百战不殆"，从而降低企业战略投资风险。

以模拟企业第 1 年年初的 SWOT 分析为例，其主要分析内容如下。

1. 分析模拟企业所处的外部环境

分析模拟企业所处的外部环境，其中最重要的应该是市场环境。例如一家权威市场调查机构发布的在未来 8 年 P 系列产品发展趋势的调研报告（见图 2-1）。

这份未来 8 年 P 系列产品的市场发展趋势调研报告，揭示了 P 系列各产品在未来 8 年中的产品需求量、价格的总体变化趋势，从侧面也反映出 P 系列产品的生命周期。这一信息应该是制定企业未来 6~8 年整体发展战略的立足点。

2. 分析模拟企业所处的内部环境

分析模拟企业所处的内部环境，首先要清醒地认识到企业所处的竞争态势，例如在第 1 年年初，若干家模拟企业（一般为 6 家）的竞争态势是相同的，市场开拓进度与准入时间表及新产品研发进度与生产许可时间表分别如表 5-2 和表 5-3 所示。

表 5-2　市场开拓进度与准入时间表

年　度 市　场	第 1 年	第 2 年	第 3 年	第 4 年	第 5 年
本地市场	√				
区域市场	⊙	√			
国内市场	⊙	⊙	√		
亚洲市场	⊙	⊙	⊙	√	
国际市场	⊙	⊙	⊙	⊙	√

说明：

① 打"√"表示市场开拓完成，准予市场进入。

② 打"⊙"表示每年将要投资的市场开拓费用 1M。

表5-3 新产品研发进度与生产许可时间表

产品 \ 季度	1Q	2Q	3Q	4Q	5Q	6Q	7Q
P1 产品	√						
P2 产品	⊙	⊙	⊙	⊙	⊙	⊙	√
P3 产品	⊙⊙	⊙⊙	⊙⊙	⊙⊙	⊙⊙	⊙⊙	√
P4 产品	⊙⊙⊙	⊙⊙⊙	⊙⊙⊙	⊙⊙⊙	⊙⊙⊙	⊙⊙⊙	√

说明：

① 打"√"表示新产品研发已完成，准予新产品进入生产状态。

② 打"⊙"表示每季度投资新产品的研发费用1M。

分析模拟企业所处的内部环境，还要摸清企业的最初状况。模拟企业第1年年初的资产状况如表5-4所示。

表5-4 模拟企业第1年年初资产状况表

单位：百万元（M）

资 产	原材料	在制品	产成品	厂 房	生 产 线	现 金	应收账款
数量（价值）	3个R1（3M）	4个P1（8M）	3个P1（6M）	大厂房（40M）	手工线3条（9M）半自动线1条（4M）	20M	15M

说明：第1年年初，各模拟企业的资产状况是相同的，竞争的起点也是相同的。

3. 分析竞争对手的发展战略与竞争实力

竞争对手的发展战略意图与竞争实力，是制定企业发展战略的重要依据，正可谓只有"知己知彼"，才能"百战不殆"。由于企业经营决策沙盘模拟实验是在同一实验场所（教室或实验室）进行，模拟企业竞争对手的经营决策结果形象地展示在沙盘盘面上，因此很容易摸清竞争对手的发展战略意图与竞争实力。通过填写表5-5可以对竞争对手的状况实施监控。

表5-5 竞争对手分析监控表

单位：百万元（M）

项 目 \ 组 别	A组	B组	C组	D组	E组	F组
市场定位（市场地位）	本地					
产品定位	P1、P2					
生产设施	大厂房 手工线3条 半自动线1条					
生产能力	6P1					
原材料库存	3R1					
产成品库存	3P1					
现金	20M					
应收账款	15M					
长期贷款	40M					
短期贷款						

5.2.2 客观进行企业战略定位

在分析模拟企业所处的外部竞争环境和内部资源的基础上，参照竞争对手企业的状况，就可以进行企业战略定位。进行战略定位主要采用 SWOT 分析定位方法，其分析定位表如表 5-6 所示。

表 5-6　SWOT 分析定位表

企业外部　＼　企业内部	企业内部优势（S）	企业内部劣势（W）
企业外部机会（O）	SO 实施成长型战略	WO 实施扭转型战略
企业外部威胁（T）	ST 实施多元化经营战略	WT 实施防御型战略

1．实施成长型战略

在同时具备企业外部机会、企业内部优势两个条件的情况下，应实施成长型战略，以充分利用企业外部机会，依托企业自身内部优势实施业务扩张。例如，在第 1 年占据本地市场老大的地位之后，在资金充足的条件下，通过研发 P2 等新产品和改、扩建 P2 等新产品生产线等来增加新产品品种和产量，即通过实施成长型战略发挥企业内部优势，巩固在本地市场的竞争优势地位。

2．实施扭转型战略

在企业外部存在机会，但企业内部资源处于劣势的情况下，要抓住企业外部机会，实施扭转型战略（如调整市场布局，调整新产品研发、生产等），克服企业内部劣势。例如，在第 1 年占据本地市场老大的地位之后，在资金缺乏的条件下，可以通过采取委托加工方式购入其他模拟企业生产的 P1 产品，将腾出来的原有 P1 生产线实施改造转产，研发并生产 P2 等新产品，充分利用企业外部市场环境来改善企业内部竞争劣势。

3．实施多元化经营战略

在企业外部存在威胁，但企业内部资源处于优势的情况下，应实施多元化经营战略（如实施市场多元化、产品多元化、市场与产品组合等），充分利用企业内部资源条件优势，减少或回避企业外部威胁。例如，在第 1 年未占据本地市场老大的地位，同其他企业在产品市场上激烈竞争的条件下，可通过开拓新市场，研发、生产新产品，将不同的新产品投放到不同的市场当中，以回避企业外部威胁。

4．实施防御型战略

在企业外部存在威胁，但企业内部资源又处于劣势的情况下，应实施防御型战略，以充分利用企业现有内部资源条件，对市场竞争趋利避害，最大限度地减少强势企业对自身的外部威胁。例如，在既无市场地位，产品结构又单一的条件下，可通过客观分析市场和竞争格局，最大限度地减少广告费用，将现有的产品尽可能地投放到利润高的市场，逐渐增加企业的竞争实力，改善企业外部竞争环境。

5.2.3 科学选择企业赢利模式

企业是以赢利为目的，通过运用各种生产要素（土地、劳动力、资本、技术和企业家才能等），向市场提供商品或服务，实行自主经营、自负盈亏、独立核算的具有法人资格的社会经济组织。现代经济学理论认为，企业本质上是"一种资源配置的机制"。可供企业配置的三种资源类型主要包括资本、资产、产品，如图 5-1 所示。

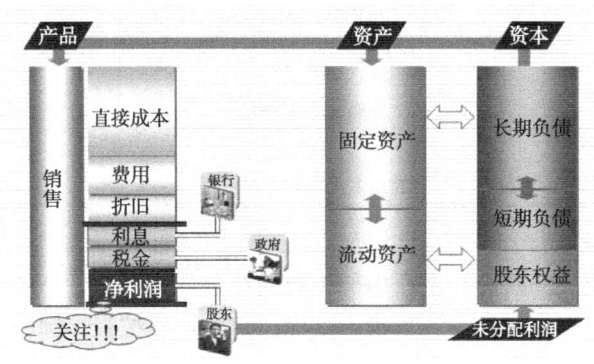

图 5-1 模拟企业的三种资源类型示意图

在图 5-1 中，资本代表企业的权益，它是由所有权（股东权益）和债权构成的，其中债权包括长期负债（长期贷款）和短期负债（短期贷款）；企业的资产主要由固定资产（厂房、生产线）和流动资产（现金、应收账款、在制品、产成品、原材料）构成；企业的产品在扣除直接成本（材料、人工费）、综合费用（管理费、广告费、设备维护费、厂房租金、转产费、新产品研发费、市场开拓费、ISO 资格认证费）和折旧后形成息税前利润，息税前利润在扣除利息和税金后，就是企业的净利润。企业债权人（银行）关注的是在确保风险可控的前提下获得利息收入，企业所有者（股东）最关注的是企业的净利润。

因此，企业经营的本质就是要实现股东权益（或净利润）最大化。而从利润表中的利润构成中不难看出，增加企业净利润的主要途径，一是扩大销售（开源），二是控制成本（节流）。

1. 扩大销售（开源）

利润主要来自于销售收入，而销售收入由销售数量和产品单价两个因素决定。提高销售数量有以下几种方式。

① 扩张现有市场，开拓新市场；

② 研发新产品；

③ 扩建或改造生产设施，提高产能；

④ 合理加大广告投放力度，进行品牌宣传。

提高产品单价受很多因素制约，但企业可以选择单价较高的产品进行生产。

扩大销售赢利模式的示意图如图 5-2 所示。

2．控制成本（节流）

产品成本分为直接成本和间接成本。控制成本赢利模式的示意图如图 5-3 所示。

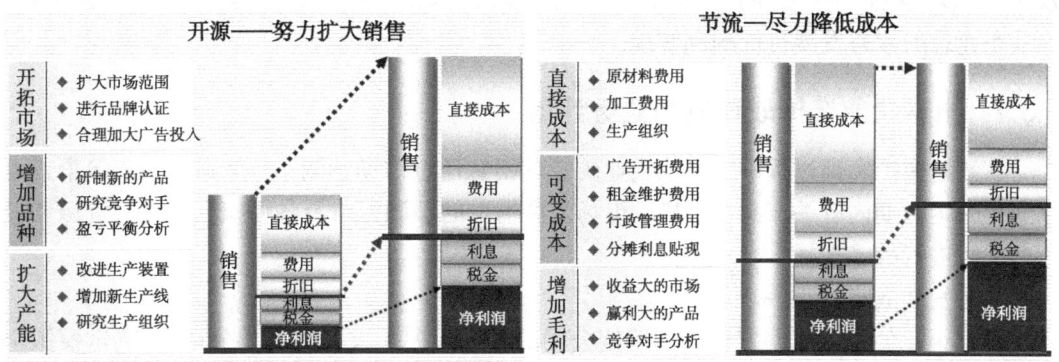

图 5-2　扩大销售赢利模式示意图　　　　图 5-3　控制成本赢利模式示意图

（1）降低直接成本

直接成本主要包括构成产品的原材料费和人工费。在沙盘模拟实训过程中，原材料费由产品的物料清单结构决定，在不考虑替代材料的情况下没有降低的空间；用不同生产线生产同一产品的加工费也是相同的，因此产品的直接成本是固定的，降低直接成本的空间是有限的。

（2）降低间接成本

从节约成本的角度，不妨把间接成本区分为投资性支出和费用性支出两类。投资性支出包括购买厂房、投资新的生产线等，这些投资都是为了扩大企业的生产能力而必须发生的；费用性支出包括管理费、广告费、设备维护费、厂房租金、转产费、新产品研发费、市场开拓费、ISO 认证费等。通过有效控制费用支出也可以节约一部分费用开支，从而提高企业的净利润。

5.3　编制企业业务计划

企业战略确定了如何利用企业自身资源开展业务活动以求实现企业战略发展的目标，根据这一目标还应具体地编制企业管理层的业务规划，研究和规划企业的年度经营重点，通过编制企业资源计划（ERP），进一步明确企业各主要职能部门（如营销、生产、采购、财务、人力资源等）的工作计划及工作关系协调方法。

编制企业业务计划，首先应将企业战略目标分解为若干个阶段（如以年为单位），明确每个阶段所要达到的阶段性目标。由于企业战略目标是一个立足于长远发展的目标，因此不可能在较短的时间内一蹴而就，客观上需要企业循序渐进。在实施企业战略的过程中，企业外部环境与内部资源条件也同时在发生着变化，因此编制并实施企业年度业务规划，可以有效地帮助企业对其经营决策行为及其效果作出回顾和评价，以便及时对企业发展战略作出适当调整，从而更有效、更现实地实现企业的战略发展目标。

在确定企业阶段性战略目标的基础上，还应将阶段性战略目标分解到各职能部门，形成阶段性的各职能部门的工作目标。这样做可以有效地帮助企业对各职能部门进行工作绩效考核，以便在企业实施战略管理过程中及时发现薄弱环节，以通过强化管理，协调关系，保证企业总的战略发展目标顺利实现。

5.3.1 根据企业选择战略编制业务计划

在沙盘模拟实训过程中，模拟企业的管理团队通过市场预测、年度财务报表等渠道可以获得一定时期内有关产品、价格、市场发展情况的预测资料及各模拟企业现有资源和经营情况，进行战略选择。

（1）发展战略

模拟企业的发展战略定位，即确定公司的发展规模（大公司、小公司），确定模拟企业产品品种（多品种、少品种），确定模拟企业的市场开拓范围（多市场、少市场），确定模拟企业的市场地位（市场老大、市场追随者）。

（2）产品与市场战略

模拟企业的产品与市场战略定位，即模拟企业的竞争前提是在所控制的经济资源有限的条件下，进行模拟企业的产品与市场战略定位，因此需要模拟企业量力而行，将所控制的有限经济资源有针对性地进行新产品开发和新市场开拓，科学论证新产品开发和新市场开拓的组合战略。

（3）生产战略

模拟企业的生产战略定位，即模拟企业应采用什么样的生产线。根据模拟企业的运营规则，有四种生产线可供模拟企业选择，且每种生产线的购置价格、生产能力、灵活性等各不相同。模拟企业的生产战略定位，主要是对手工线、半自动线、全自动线、柔性线四种可选生产线进行比较分析，从而确定模拟企业的最佳生产战略。

（4）财务战略

模拟企业的财务战略，即模拟企业应采用什么样的投资/融资策略。根据模拟企业的运营规则，模拟企业的融资方式主要有银行借款（长期贷款、短期贷款）、应收账款贴现、高利贷贷款等。每种融资方式的特点及适用性都有所不同，银行借款（长期贷款）应主要支持企业长期资产投资（如厂房、生产线、新产品研发、新市场开拓、ISO资格认证等），银行借款（短期贷款）主要用来保障企业短期运营资金（采购原材料、支付加工费、广告费、利息、租金、行政管理费等），模拟企业在制定财务战略时应结合企业的中长期发展规划和年度经营计划，做到在合适的时间选择合适的融资方式控制适量的融资规模，以保证模拟企业的正常资金运作并控制好资金成本。

（5）战略调整

模拟企业的战略调整，即企业战略的实施不是一成不变的，而是要根据企业内外部环境的变化和竞争对手的发展态势不断进行动态调整。每个经营年度结束后，模拟企业的经营管理团队都要对模拟企业的战略竞争态势和市场发展趋势进行预测，并结合其自身优势和劣势，不断进行有针对性的战略调整。

5.3.2 编制企业年度营销计划

企业要根据成品库存、在制品、年度最大出货量数据编制出销售预案（年度预计可实现销售的各类产品数量、产品销售的市场分布），再根据市场预测、竞争对手的状态确定广告投放方案（年度广告投放总额、分市场分产品广告投放预案），管理团队要制定（调整）企业战略，作出经营规划、设备投资规划、营销策划方案等。具体来讲，需要进行销售预算和 ATP 可承诺量的计算。

（1）销售预算

常言道："预则立，不预则废。"销售预算是编制预算的关键点和起点，主要是对本年度要达成的销售目标的预测，销售预算的内容主要是销售数量、单价和销售收入等。

（2）ATP（Available-To-Promise）可承诺量的计算

参加订货会之前，模拟企业要计算各类成品库存、在制品、年度最大出货量数据，确定模拟企业的最大可接单量。企业可接单量主要取决于现有库存和生产能力，因此产能计算的准确性直接影响到销售交付。

商业情报有助于发展模拟企业的核心竞争力，也是实施模拟企业发展战略的重要基础。谁掌握情报，谁就能在激烈的市场竞争中处于主动的地位，谁就能赢得时间、市场和利润。

1. 读懂市场预测

在沙盘模拟实训过程中，市场预测是各模拟企业能够得到的关于产品市场需求预测的唯一可以参考的有价值信息，对市场预测的分析与企业的营销方案策划息息相关。在市场预测中发布了近几年关于 P 系列产品市场的预测资料，包括各个市场、各种产品的总需求量、价格情况等。

模拟企业在 1~6 年内对某市场的产品预测，可以用柱形图和折线图的形式进行描述。在柱形图中用横坐标代表年，在纵坐标上标注数字代表产品数量，各产品的柱形高度则代表该产品某年的市场预测需求总量。在折线图上则可以标识模拟企业 1~6 年某产品的价格趋向，横坐标代表年，纵坐标代表产品价格。

在市场预测中，除了直观的图形描述外，还可用文字形式加以说明，其中模拟企业尤其需要注意客户对产品品质和环境认证的要求。市场预测的详细信息可参阅本教材第 2 单元模拟企业的市场环境。

2. 竞争对手分析

每个经营年度终了，营销总监都要通过编制竞争对手分析监控表实地调查或通过其他途径了解其他模拟企业的竞争能力。例如竞争对手的市场与产品结构、拥有的厂房和生产线、最大产能及其资本结构等，最终对各模拟企业进行竞争力排队，以寻求合作对象，跟踪竞争对手。竞争对手分析监控表如表 5-7 所示。

表 5-7 竞争对手分析监控表

单位：百万元（M）

项目 \ 组别	A组	B组	C组	D组	E组	F组
市场定位（市场老大）						
产品定位						
厂房						
生产设施						
生产能力						
现金						
应收账款						
原材料库存						
产成品库存						
长期贷款						
短期贷款						
所有者权益						
销售收入（产品结构）						
销售毛利						
利润						
综合竞争力排名						

3. 制定销售计划

模拟企业制定销售计划时，首先要根据对市场的预测和对竞争对手分析来分析市场，确认产品，销售计划至少包括两方面的内容：一是模拟企业预计要在哪些市场销售什么样的产品；二是自身的产能和库存能否满足销售需要，是否需要进行 OEM 贴牌生产，如果需要进行 OEM 贴牌生产，则需要与合作企业签订供货协议并将对方企业的可供量计入本年度的 ATP 可承诺量。

一个好的销售计划一定是产品与市场最佳组合的方案，模拟企业在完成销售计划论证之后，可编制模拟企业销售计划表，如表 5-8 所示。

需要说明的是，编制模拟企业的销售计划表，应由模拟企业的总经理牵头，组织销售、生产、采购、财务各部门进行统筹规划，一个切实可行的销售计划是一个全员参与的计划，也是被企业及客户所认可的计划。

表 5-8 XX 年度企业销售计划表

单位：个

市场 \ 产品	P1	P2	P3	P4
本地市场				
区域市场				
国内市场				
亚洲市场				
国际市场				

4．制定广告投放方案

模拟企业制定广告投放方案时，首先要根据市场预测、竞争对手分析及本年度企业的销售计划，确定本年度在不同市场针对不同产品销售的广告投放方案，广告投放方案至少包括两方面的内容：一是模拟企业预计要在哪些市场销售什么样的产品；二是根据市场预测确定是否需要 ISO 认证广告，根据需要确定 ISO9000 与 ISO14000 的认证广告投放方案。

一个好的广告投放方案一定是产品与市场最佳组合的方案，营销总监根据企业销售计划，可编制模拟企业广告投放方案，如表 5-9 所示。

表 5-9 XX 年度企业广告投放方案表

单位：百万元（M）

项 目 市 场	P1 产品 广告	P2 产品 广告	P3 产品 广告	P4 产品 广告	ISO9000 认证	ISO14000 认证
本地市场						
区域市场						
国内市场						
亚洲市场						
国际市场						

5.3.3 企业产销协调与编制生产、采购计划

模拟企业根据市场预测和企业发展战略编制年度营销计划，通过投放广告和参与市场竞单获取当年的销售订单，这样既可以检验年度营销计划的成效，也可以为下一步编制模拟企业的年度生产计划和采购计划提供依据。

1．生产线投资与改造

生产线投资与改造是提高产能、保障企业持续发展的策略之一，企业进行生产线投资时需要考虑以下因素：市场上对各种产品的需求状况；企业目前的产能；新产品的研发进程；生产线投资分析；生产线用于生产的产品品种，所需资金的来源，生产线的安装地点；生产线上线的时间及所需物料储备。

（1）模拟企业生产线产能分析

不同生产线在产品的状态不同，其最大产能不同，模拟企业生产线产能计算表如表5-10 所示。

表 5-10 模拟企业生产线产能计算表

单位：个

生 产 线	在 产 状 态							
	状态	产能	状态	产能	状态	产能	状态	产能
手工生产线	0Q	1	1Q	1	2Q	1	3Q	2
半自动生产线	0Q	1	1Q	2	2Q	2		
全自动生产线	0Q	3	1Q	4				
柔性生产线	0Q	3	1Q	4				

注：此表中 Q 表示季度。

71

根据表 5-10，可以计算出模拟企业现有生产线的最大产量，再加上库存产品与外购产品，就可以计算出全年的 ATP 可承诺量。

（2）产品研发与生产线建设要同步

由于产品研发周期与生产线建设周期不同步，新产品（P2、P3、P4）都需要 6 个季度的研发期，半自动生产线、全自动生产线、柔性生产线投产分别需要 2 个季度、3 个季度、4 个季度的安装期，因此产品研发与生产线建设要统筹考虑。

以 P2 生产线建设为例，P2 产品研发需要 6 个季度，如果从第 1 年第 1 季度开始研发，根据新产品研发规则，到第 2 年第 3 季度才可以上线生产。P2 生产线建设期需要 3 个季度，则应该从第 1 年第 3 季度开始投入，到第 2 年第 2 季度才可以建成，第 2 年第 3 季度可以实现上线生产，这样就实现了产品研发与生产线建设的同步进行。

需要说明的是，要实现新产品研发与新生产线建设的同步完成并上线生产，还需要根据新产品的物料清单提前备料。例如，P2 产品计划在第 3 季度上线，则需要在第 2 季度分别下 1 个 R2 订单和 1 个 R1 订单。

（3）生产线性能分析

手工生产线、半自动生产线、全自动生产线、柔性生产线的生产能力和产品生产的灵活度各不相同，各类生产线性能分析表如表 5-11 所示。

表 5-11　模拟企业各类生产线性能分析表

生 产 线	生 产 能 力	生 产 灵 活 程 度
手工生产线	低	高
半自动生产线	较低	低
全自动生产线	高	低
柔性生产线	高	高

根据表 5-11，模拟企业如果研发的产品品种较少，产品生产具有较强的定向性，最好选择全自动生产线；模拟企业如果研发的产品品种较多，产品生产定向性较差，则最好选择全自动生产线与柔性生产线的混合搭配；模拟企业如果生产线投资的资金不足，则可选择半自动生产线与手工生产线的混合搭配。

2．制定生产计划

企业主要有五个计划层次，即经营规划、销售与运作规划（生产规划）、主生产计划、物料需求计划和能力需求计划。这五个层次的计划实现了计划管理由宏观到微观、由粗到细的深化过程。主生产计划是宏观向微观的过渡性计划，是沟通企业前方（市场、销售等需方）和后方（制造、供应等供方）的重要环节。物料需求计划是主生产计划的具体化，能力需求计划是对物料需求计划进行能力上的平衡和验证。主生产计划与其他业务计划层次之间的关系如图 5-4 所示。

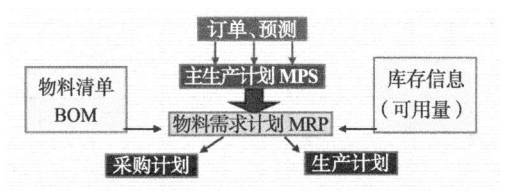

图 5-4　主生产计划与其他业务计划之间的关系图

其中：

主生产计划要回答：生产产品的品种，生产产品的数量，生产产品的时间；

物料清单回答：需要用什么原材料来生产什么产品；

库存信息回答：模拟企业的库存原材料的种类与数量；

物料需求计划回答：还应该采购的原材料的种类与数量；

以第 1 年为例，模拟企业假定获得 8 个 P1 订单，库存有 3 个 P1 产品，第 1 年的生产计划是需要再生产 5 个 P1 产品。考虑到模拟企业生产的连续性，在模拟企业的第 0 年生产计划的基础上编制了第 1 年生产计划，如表 5-12 所示。

表 5-12　模拟企业第 1 年生产计划表

单位：个

生 产 线		第 0 年				第 1 年			
		第 1 季度	第 2 季度	第 3 季度	第 4 季度	第 1 季度	第 2 季度	第 3 季度	第 4 季度
手工生产线	产品			P1			P1		
	原材料		R1			R1			R1
手工生产线	产品	P1			P1			P1	
	原材料			R1			R1		
手工生产线	产品		P1		P1		P1		P1
	原材料	R1			R1			R1	
半自动生产线	产品		P1		P1		P1		P1
	原材料	R1		R1		R1		R1	
总计	产品	1P1	2P1	1P1	2P1	1P1	2P1	1P1	2P1
	原材料	2R1	1R1	2R1	1R1	2R1	1R1	2R1	1R1

表 5-12 所示的仅仅是 P1 单一品种的生产计划，如果模拟企业采用多品种生产模式，模拟企业则需要编制多品种的开工计划表，如表 5-13 所示。

表 5-13　模拟企业开工计划表

单位：个

产 品	第 0 年				第 1 年			
	第 1 季度	第 2 季度	第 3 季度	第 4 季度	第 1 季度	第 2 季度	第 3 季度	第 4 季度
P1								
P2								
P3								
P4								
人工费								

3．制定采购计划

模拟企业在编制采购计划时要考虑采购原材料的品种、数量、时间三个问题。

（1）采购原材料的品种

从表 5-13 中可以看出，采购计划的制定与生产计划直接相关，根据生产计划，并按照产品的物料清单确定采购原材料品种。

（2）采购原材料的数量

确定采购原材料品种之后，还要计算年度采购原材料数量，模拟企业的采购原材料数量还与物料库存和采购批量有直接联系。

（3）采购原材料的时间

要达到"既不出现物料短缺，又不出现库存积压的零库存"的理想状态，就要考虑采购提前期、采购政策等相关因素。

例如，根据模拟企业第 1 年的生产计划，可编制模拟企业第 1 年的采购计划表，如表 5-14 所示。

表 5-14　模拟企业第 1 年采购计划表

单位：个

生 产 线		第 0 年				第 1 年			
		第1季度	第2季度	第3季度	第4季度	第1季度	第2季度	第3季度	第4季度
手工生产线	产品			P1			P1		
	原材料		R1			R1			R1
手工生产线	产品	P1			P1			P1	
	原材料			R1			R1		
手工生产线	产品		P1			P1			P1
	原材料	R1			R1			R1	
半自动生产线	产品		P1		P1		P1		P1
	原材料	R1		R1		R1		R1	
原材料采购数量总计		2R1	1R1	2R1	1R1	2R1	1R1	2R1	1R1

表 5-14 所示的仅仅是 P1 单一品种的采购计划，如果模拟企业采用多品种生产模式，模拟企业则需要编制多品种的采购计划，如表 5-15 所示。

表 5-15　模拟企业采购计划表

单位：个

产 品	第 0 年				第 1 年			
	第1季度	第2季度	第3季度	第4季度	第1季度	第2季度	第3季度	第4季度
R1								
R2								
R3								
R4								
原材料采购费用总计								

5.3.4　编制企业资金预算计划

在编制模拟企业的年度营销计划、生产计划、采购计划及生产线投资计划后，应根据上述各项业务计划及年度投资计划编制资金预算计划表。资金预算从收、支两方面进行资金平衡，帮助模拟企业提前进行现金流规划，以防止模拟企业顾此失彼，出现现金流中断现象。因此，每年年初编制企业资金预算计划表是非常必要的，它可以使管理层运筹帷幄，游刃有余。

模拟企业需要编制的企业资金预算计划表如表5-16所示。

表 5-16　第××年模拟企业资金预算计划表

预 算 项 目	第1季度	第2季度	第3季度	第4季度
期初库存现金				
市场广告投入				
支付上年应交税				
支付利息（长期贷款）				
归还到期的长期贷款				
支付利息（短期贷款）				
归还到期的短期贷款				
原材料采购支付现金				
支付转产费用				
购买（租用）厂房支出				
生产线投资				
支付加工费				
产品研发投资				
支付行政管理费用				
购置成品或原材料支出（企业间交易）				
其他（罚款）支出				
市场开拓投资				
ISO 认证投资				
设备维护费用				
收到现金前的所有支出				
获得长期贷款				
获得短期贷款				
变卖生产线残值收入				
出售成品或原材料收入（企业间交易）				
应收账款收现或贴现收入				
其他（奖励）收入				
收到现金前的所有收入				
库存现金余额				

年初业务计划要点：_____
第 1 季度计划要点：_____
第 2 季度计划要点：_____
第 3 季度计划要点：_____
第 4 季度计划要点：_____
年末业务计划要点：_____

5.4 模拟企业经营成果分析与绩效评价

5.4.1 模拟企业销售绩效分析与评价

模拟企业销售绩效分析与评价的内容主要包括市场占有率、广告投入产出比、产品销售利润率等。

1. 市场占有率分析

市场占有率分析包括模拟企业年度市场占有率、市场产品结构、各产品市场占有率。这些数据可以直观的饼图或柱状图方式显示。

（1）某年度市场占有率

该指标是指某年度各模拟企业在当年所有市场中各种产品的销售额占总销售额的比重。各模拟企业在第 2 年所有市场（第 1 年仅有本地市场）中各种产品（第 1 年仅有 P1 产品）的销售额占总销售额的比重如图 5-5 所示。

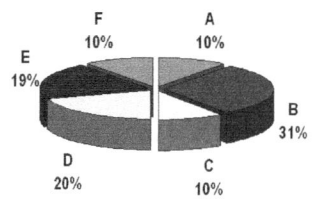

图 5-5 各模拟企业第 2 年所有市场占有率

从图 5-5 可以看出，B 模拟企业在第 2 年占有 31%的市场份额。

（2）市场产品结构

该指标是对模拟企业整个市场的结构产品进行分析，这个分析主要告诉管理者哪个模拟企业的哪种产品占有优势。各模拟企业第 2 年的市场产品结构分布图如图 5-6 所示。

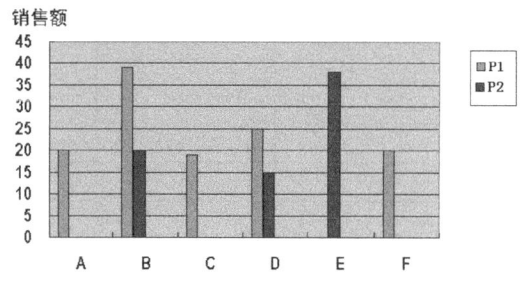

图 5-6 各模拟企业第 2 年的市场产品结构分布图

从图 5-6 可以看出，E 模拟企业在第 2 年的 P2 产品销售额达 38M，占有较大的竞争优势。

（3）某产品、某年度的市场占有率

这一指标主要从产品的角度反映各模拟企业的市场占有率，说明各模拟企业对各类产品的销售能力，如图 5-7 所示。

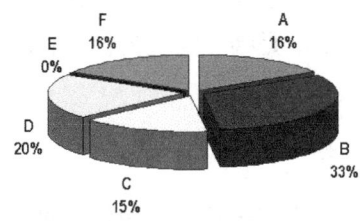

图 5-7　各模拟企业第 2 年 P1 产品的市场占有率

从图 5-7 可以看出，B 模拟企业在第 2 年 P1 产品占有 33%的市场份额。

2．广告投入产出比的分析与评价

广告投入产出比用来评价广告投入的效率，其计算公式如下：

$$广告投入产出比=订单销售总额/广告投入$$

广告投入产出比分析主要用来比较各模拟企业在广告上投入后产出的效益及差异。这个指标提醒管理者本模拟企业与竞争对手之间在广告投入策略和效益上的差距，以警示营销总监要深入分析市场预测和竞争对手的竞争策略，要有针对性地制定营销计划和广告投放方案，寻求节约广告成本的方案，以较少的广告投入获得较大的销售订单。

各模拟企业第 2 年的广告投入产出比如图 5-8 所示。

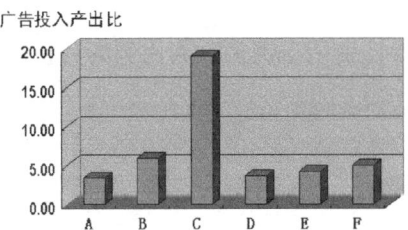

图 5-8　各模拟企业第 2 年的广告投入产出比示意图

从图 5-8 可以看出，C 模拟企业在第 2 年的广告投入产出效果较好，广告投入产出比达到了 1：18，即每投入 1M 的广告费就能获得 18M 的订单收入，这远远高于其他模拟企业。

3．产品销售利润率

产品销售利润率是指净利润在销售收入中所占的比重，是反映模拟企业销售业绩的重要指标，各模拟企业第 2 年的产品销售利润率如图 5-9 所示。

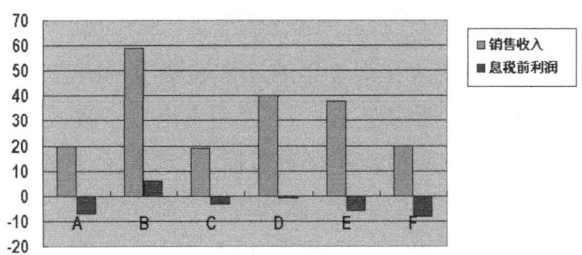

图 5-9　各模拟企业第 2 年的产品销售利润率

从图 5-9 可以看出，B 模拟企业在第 2 年的产品销售利润率为 13%（B 模拟企业的息税前利润为 8M，销售收入为 59M），是唯一实现销售赢利的企业，其他企业的息税前利润均为负（在横轴的下方）。

5.4.2　企业产品成本费用分析

模拟企业的成本费用是指项目生产运营支出的各项费用。成本费用分析是指通过计算各项费用占销售收入的比例来揭示成本与收入的关系，寻找模拟企业在生产经营过程中出现的问题，以便有针对性地提出相应的成本费用控制方案。

模拟企业的成本由多项费用要素构成，应了解各项成本费用要素在总体成本中所占的比例，分析成本结构，从比例较高的那些费用支出项入手，分析发生的原因，提出控制成本费用的有效方法。费用比例的计算公式如下：

$$费用比例=费用/销售收入$$

经营费用汇总计算公式如下：

经营费用=设备维护费+厂房租金+转产费+新产品研发费+市场开拓费+ISO 认证费

如果将销售收入定义为 1，各类成本费用比例相加，再与 1 相比，则可以看出总费用占销售收入比例的多少，如果超过 1，则说明支出大于收入，企业亏损，并可以直观地看出亏损的程度。

各模拟企业第 2 年的经常性费用占销售收入比例的分析图如图 5-10 所示。

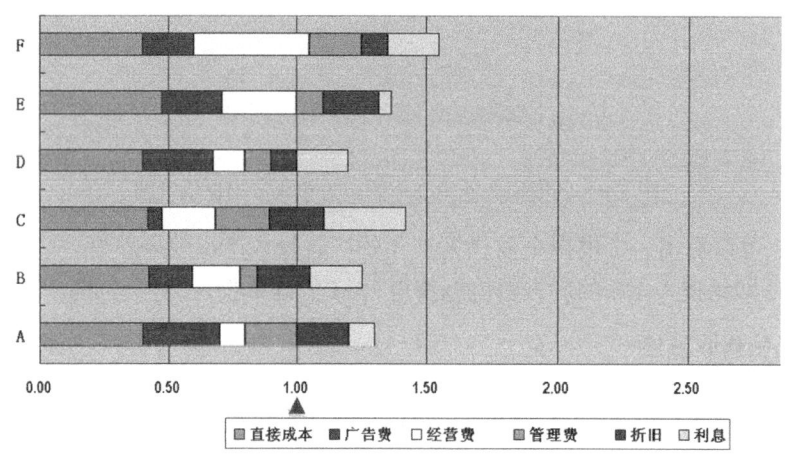

图 5-10　各模拟企业第 2 年经常性费用占销售收入的比例分析图

从图 5-10 可以看出各模拟企业在第 2 年的经常性费用占销售收入的比例，其中，各模拟企业的总费用占销售收入的比例均超过了 1，说明支出大于收入，各模拟企业普遍亏损，F 模拟企业则超过了 1.5，表明该模拟企业严重亏损。C 模拟企业的折旧和利息所占销售收入的比例偏大，表明该模拟企业利用银行贷款购置生产线的投入过大。图 5-10 还表明，广告费、经营费所占销售收入的比例偏大，表明模拟企业在广告费、新产品研发、市场开拓、ISO 认证方面的前期投入过大而导致企业亏损。

5.4.3　企业杜邦分析与评价

财务管理是企业经营管理的核心之一，判断能否实现股东财富最大化的战略目标，最重要的就是由经营者向所有投资者（股东）提交模拟企业的经营成果和资产负债状况，所有者则需要一套实用、有效的财务指标体系，以便据此来评价和判断企业的经营绩效、经营风险、财务状况、获利能力和经营成果。

杜邦财务分析体系（The Du Pont Analysis System）是一种比较实用的财务比率分析体系，因这种分析方法最早由美国杜邦公司使用，故名杜邦分析法。

杜邦分析法利用模拟企业主要的财务比率之间的关系来综合分析企业的财务状况，以此来评价公司的赢利能力和股东权益回报水平。杜邦分析法的基本思想是将企业净资产收益率（ROE）逐级分解为多项财务比率乘积，这样就可以寻根溯源，深入分析比较企业赢利或亏损的原因。

A 模拟企业第 2 年的杜邦分析图如图 5-11 所示。

从图 5-11 可以看出，模拟企业的净资产收益率是杜邦分析的核心指标，A 模拟企业的净资产收益率为–0.41（–41%），也就是说，A 模拟企业的股东每投 100 元股本，经营者就给股东带来 41 元的损失。

A 模拟企业的总资产收益率为–0.14（–14%），也就是说，A 模拟企业的每 100 元资产，经营者就给股东带来 14 元的损失。模拟企业的净资产收益率与总资产收益率相比，净资产收益率之所以亏损严重，主要是因为模拟企业向银行贷款，导致权益乘数高达 2.95，也就是说，将总资产收益率的亏损放大 2.95 倍。

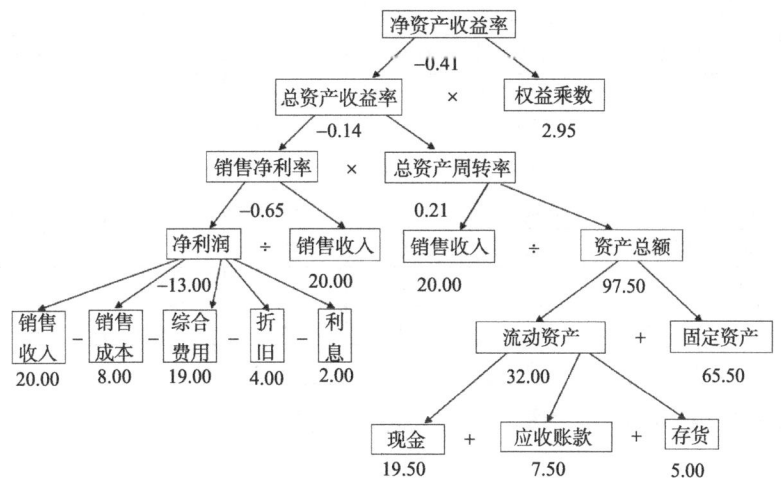

图 5-11　杜邦分析图

在分析 A 模拟企业第 2 年亏损的原因时，从杜邦分析系统可以看到，A 模拟企业净资产收益率和总资产收益率之所以为负数，主要是受制于销售净利率–0.65（–65%），销售净利率之所以为负数，是因为年度净利润为–13M，也就是说，A 模拟企业第 2 年净亏损 13M。

再分析 A 模拟企业第 2 年亏损的原因，可以看出 A 模拟企业的销售收入只有 20M，而在扣除销售成本（8M）、综合费用（19M）、折旧（4M）、利息（2M）后就会出现 13M 的净亏损。所以从杜邦分析系统可以看出，A 模拟企业第 2 年亏损的原因主要是销售收入过少而费用开支过大，导致了收不抵支的亏损结果。

杜邦分析除涉及企业获利能力方面的指标（净资产收益率、销售净利率）外，也涉及营运能力方面的指标（总资产周转率），同时还涉及偿债能力指标（权益乘数），可以说杜邦分析法是一个较为科学的财务分析方法。

5.4.4 企业财务分析与评价

企业财务分析与评价主要是根据模拟企业经营者所提供的年度利润表、资产负债表等财务数据，按照相应的计算公式计算模拟企业的收益力、成长力、安定力、活动力等，从而对模拟企业进行财务分析与评价。

各模拟企业第 2 年的财务指标分析如表 5-17 所示。

表 5-17 各模拟企业第 2 年财务指标分析

指标类	指标	第 2 年					
		A	B	C	D	E	F
收益力	毛利率	60.00%	57.63%	57.89%	60.00%	52.63%	60.00%
	销售利润率	−65.00%	−28.81%	−68.42%	−32.50%	−42.11%	−70.00%
	总资产收益率	−9.09%	−5.77%	−6.31%	−3.82%	−15.91%	−8.85%
	净资产收益率	−26.83%	−25.00%	−22.58%	−16.13%	−50.00%	−30.30%
成长力	销售收入成长率	100.00%	100.00%	100.00%	100.00%	100.00%	100.00%
	利润成长率	−8.33%	32.00%	40.91%	40.91%	27.27%	26.32%
	净资产成长率	−24.07%	−41.46%	−29.55%	−29.55%	−36.36%	−29.79%
安定力	流动比率	2.50	2.00	1.75	2.50	3.05	2.00
	速动比率	2.20	2.00	1.25	1.80	1.95	2.00
	固定资产长期适配率	0.70	0.46	0.84	0.73	0.40	0.47
	资产负债率	0.66	0.77	0.72	0.76	0.68	0.71
活动力	应收账款周转率	2.67	5.62		2.67	2.00	2.00
	存货周转率	1.60	1.52	0.84	1.52	1.13	0.84
	固定资产周转率	0.08	0.27	0.06	0.13	0.31	0.13
	总资产周转率	0.21	0.52	0.18	0.31	0.50	0.20

以下是四组财务分析评价指标体系的具体含义。

1．收益力

收益力表明模拟企业的赢利能力。收益力从毛利率、销售利润率、总资产收益率、净资产收益率四个指标入手进行定量分析。

（1）毛利率

在企业经营过程中，毛利是销售收入减去销售成本的余额。毛利率是衡量企业毛利在销售收入中的比率，它是经常使用的一个指标，其计算公式如下：

毛利率＝（销售收入–直接成本）/销售收入

毛利率说明了 1 元销售收入所产生的毛利润。毛利率是模拟企业的重要获利指标，代表了以下两层含义：

① 对具体产品而言，代表某种产品的赢利能力。

② 从整个企业层面上讲，根据利润表计算出来的毛利率代表了企业各类产品的赢利能力。

（2）销售利润率

销售利润率是毛利率的延伸，是毛利减掉综合费用后的息税前利润与销售收入的比率，其计算公式如下：

销售利润率＝息税前利润/销售收入

本指标反映企业销售状况的好坏，两个企业在毛利率一样的情况下，最终的销售利润率可能不同，原因就是综合费用（特别是新产品研发、市场开拓、ISO 认证费用）投入不同的结果。

（3）总资产收益率

总资产收益率是反映企业资产赢利能力的指标，其计算公式如下：

总资产收益率＝息税前利润/资产总额

总资产收益率之所以采用息税前利润，是因为考虑到总资产中有负债因素，因此考虑了资金成本。

（4）净资产收益率

净资产收益率反映股东投入股本的最终获利能力，其计算公式如下：

净资产收益率＝净利润/所有者权益合计

该指标值越高，说明股东投资带来的收益越高，所以是股东最为关注的财务指标之一。

2．成长力

成长力表明模拟企业是否具有成长的潜力，即具有可持续的获利能力。成长力指标由反映企业经营利润增长的销售收入成长率、利润成长率和净资产成长率三个指标组成。

（1）销售收入成长率

该指标是衡量模拟企业销售收入增长的比率指标，主要衡量某模拟企业在某年度的经营业绩的增长速度，该指标值越高越好，其计算公式如下：

销售收入成长率＝(本期销售收入－上期销售收入)/上期销售收入

（2）利润成长率

该指标是衡量模拟企业利润增长的速度的指标，该指标值越高越好，其计算公式如下：

利润成长率＝(本期净利润－上期净利润)/上期净利润

（3）净资产成长率

该指标是衡量模拟企业净资产（也称为股东权益）增长的比率指标，主要衡量某模拟企业经营效果的提高程度，该指标值越高越好，其计算公式为：

净资产成长率＝[本期净资产(股东权益)－上期净资产(股东权益)]/上期净资产(股东权益)

3．安定力

安定力是衡量模拟企业财务状况是否稳定，是否会出现财务危机的财务指标，主要由流动比率、速动比率、固定资产长期适配率和资产负债率四个指标构成。

（1）流动比率

流动比率主要反映模拟企业偿还短期债务的能力，其计算公式如下：

$$流动比率＝流动资产/流动负债$$

从公式中可以看出，流动资产越多，流动债务越少，则流动比率越大，反映出模拟企业的短期偿债能力越强。

（2）速动比率

速动比率比流动比率更能体现企业偿还短期债务的能力，其计算公式如下：

$$速动比率＝速动资产/流动负债＝（流动资产－存货）/流动负债$$

从公式中可以看出，流动资产中，速动资产是扣除存货后的流动资产。模拟企业的速动资产比流动资产更加容易变现，因此将速动资产与流动负债对比，反映了模拟企业的快速变现能力，一般情况下，当速动比率低于 1 时，则企业被认为其短期偿债能力偏低。例如，表 5-17 中 C 模拟企业的速动比率为 1.25，与其他 5 家模拟企业相比，其短期偿债能力较低。

（3）固定资产长期适配率

固定资产长期适配率的计算公式如下：

$$固定资产长期适配率＝固定资产/（长期负债＋所有者权益）$$

这个指标应该小于 1，说明模拟企业购建固定资产应该使用长期贷款和股东权益，因为固定资产建设周期长（柔性生产线的安装周期长达 1 年），且投资形成的固定资产不能马上变现，即使能变现也要损失巨大（固定资产净值减去残值）。如果用短期贷款来购建生产线，生产线建成之时就是短期贷款还款之日，势必会造成模拟企业现金流的短缺。

（4）资产负债率

该指标主要反映债权人提供的债权占全部资本的比例，该指标又称负债经营比率，其计算公式如下：

$$资产负债率＝负债总额/资产总额$$

对于模拟企业的资产负债率，应根据各模拟企业的资产状况和市场竞争能力综合判定，通常情况下，资产负债率越大，企业面临的财务风险就越大，模拟企业所支配的资产能力也越强。一般认为，资产负债率为 60%～70%比较合理、稳健。

4．活动力

活动力是衡量模拟企业资产管理能力的比率指标，主要包括应收账款周转率、存货周转率、固定资产周转率和总资产周转率四个比率指标。

（1）应收账款周转率（周转次数）

应收账款周转率是年度内应收账款转为现金的平均次数，其计算公式如下：

应收账款周转率（周转次数）＝当期赊销销售收入/当期平均应收账款

＝当期赊销销售收入/[（期初应收账款+期末应收账款）/2]

该指标值越高，说明应收账款变现速度越快。反之，则说明营运资金过多呆滞在应收账款上，影响模拟企业资金的正常周转，偿债能力将下降。

赊销销售收入的数据无法从利润表中取得，只能通过计算得出，其计算方法是从当年的销售收入中扣除零账期的销售收入。

（2）存货周转率

存货周转率是模拟企业一定时期销售成本与平均存货的比率，用于反映存货周转速度，其计算公式如下：

存货周转率=当期销售成本/当期平均存货

=当期销售成本/[（期初存货余额+期末存货余额）/2]

其中，存货主要包括在制品、产成品和原材料。

存货周转率指标反映了模拟企业在采购、库存、生产、销售之间的衔接程度。衔接得好，原材料适合生产的需要，没有过量的原材料，产成品适合销售的需要，没有积压。

（3）固定资产周转率

固定资产周转率又称固定资产利用率，是企业销售收入与平均固定资产净值的比率，是衡量固定资产利用效率的一项指标，其计算公式如下：

固定资产周转率=当期销售收入/当期平均固定资产净值

=当期销售收入/[（期初固定资产净值+期末固定资产净值）/2]

该指标的含义是固定资产占用的资金提供了多少销售收入，用以评价固定资产的利用效率和贡献度，该指标值越大，表明固定资产利用率越高，对固定资产的管理效果越好。

（4）总资产周转率

总资产周转率是指企业一定时期销售收入净额同平均资产总额的比值，该指标主要用于衡量模拟企业运用全部资产获取利润的能力，是全面评价企业赢利能力的财务指标，其计算公式如下：

总资产周转率=当期销售收入/当期平均资产总额

=当期销售收入/[（期初资产总额+期末资产总额）/2]

该项指标反映模拟企业总资产的周转速度，其周转速度越快，说明模拟企业的销售能力越强。

5.4.5 模拟企业年度总结、分析与评价

模拟企业在每个经营年度结束后，都要由总经理组织本企业进行年度总结、分析与评价，通过这一活动，一是要对本年度各业务部门及主管的工作绩效进行考核，二是在总结反思的基础上制定模拟企业下年度的经营目标和经营计划。

企业进行年度总结、分析与评价时，可借鉴采用平衡计分卡考核方法。

1．平衡计分卡的概念与要素

平衡计分卡是哈佛大学教授卡普兰（Robert Kaplan）和诺朗顿研究院的执行长诺顿（David Norton）创造的一种绩效评价体系。平衡计分卡是从财务（Financial）、客户（Customer）、内部经营流程（Internal Business Processes）、学习与成长（Learning and Growth）四个层面，对模拟企业、内部组织、员工个人进行的一种新型绩效管理体系。

平衡计分卡的四个层面及其相互关系如图 5-12 所示。

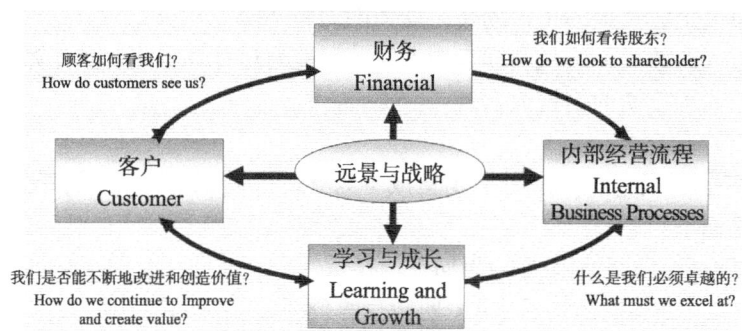

图 5-12 模拟企业平衡计分卡的四个层面及其相互关系图

（1）财务层面

财务业绩指标可以展现企业的战略实施和执行是否对改善企业赢利作出了贡献。财务业绩指标通常与企业获利能力有关，其衡量指标有销售收入、净资产收益率、总资产收益率、经济增加值等，这些指标显示了企业销售额是否提高，企业创造现金流量能力是否得到了改善。这部分内容在前面已进行了讲述。

（2）客户层面

在平衡计分卡的客户层面，管理者确立了其业务单位服务的客户和市场，以及业务单位在这些目标客户和市场中的衡量指标。客户层面的指标通常包括客户满意度、客户保持率、客户获得率、客户赢利率，以及在目标市场中所占的市场份额。由于模拟企业不对单个客户，因此客户层面考核主要集中在是否按时交货和所占市场份额方面。

（3）内部经营流程层面

在这一层面上，管理者要确认组织优化的内部流程，这些流程可帮助模拟企业提供价值主张，以吸引和留住目标客户，并满足股东对财务回报的期望。模拟企业在内部经营流程的考核主要集中在销售、生产、采购、财务等业务能否科学衔接方面。

（4）学习与成长层面

平衡计分卡的前三个层面一般会揭示企业的实际能力与实现突破性业绩所必需的能力之间的差距，为了弥补这个差距，模拟企业必须将人力资本作为核心资本，投资于员工的学习与成长方面，以促进管理业务流程优化和员工个人素质的提高，这些都是平衡计分卡学习与成长层面所追求的目标。

2. 模拟企业应用平衡计分卡进行绩效考核

模拟企业应根据平衡计分卡原理，从财务、客户、内部经营流程、学习与成长四个层面对本企业的内部组织和员工进行绩效考核与评价。

（1）平衡计分卡四个层面考核权重设计

根据模拟企业和学生的实际，在平衡计分卡四个层面考核权重设计方面重视学生的财务绩效、学习与成长层面考核，故加大了权重，其中财务层面考核权重占 40%、客户层面考核权重占 15%、内部经营流程层面考核权重占 15%、学习与成长层面考核权重占 30%。

（2）模拟企业平衡计分卡绩效考核指标

模拟企业平衡计分卡绩效考核指标体系如表 5-18 所示。

表 5-18　模拟企业平衡计分卡绩效考核指标体系

客户层面（15%）		
目　标	指　标	权　重
满意	按订单准时交货	
	按订单提前交货	
增长	广告投入产出比	
	市场占有率	
	新增市场老大	
保持	市场老大	
	市场排名	

财务层面（40%）				内部经营流程层面（15%）		
目　标	指　标	权　重	企业发展愿景与企业发展战略	目　标	指　标	权　重
收益	销售利润率			规划	资金使用	
	净资产收益率				生产能力饱和度	
偿债	资产负债率			经营	生产设备先进度	
	速动比率			质量	ISO9000 认证广告	
运营	应收账款周转率			环境	ISO14000 认证广告	
	存货周转率			新产品	新产品研发及成效	

学习与成长层面（30%）		
目　标	指　标	权　重
培训	模拟企业运营规则	
	专项业务培训	
	业务成熟程度	
团队	总经理组织协调能力	
	年度经营会议决策正确程度	
	销售、生产、采购、财务部门配合程度	
	组织管理创新程度	
成长	经营绩效（清算模式）	
	综合经营绩效（可持续发展模式）	

　　至此，完成了模拟企业从制定战略规划、编制年度经营计划和资金预算计划、进行年度经营模拟、编制年度财务报表、进行年度经营分析与绩效评价的全过程辅导。相信各模拟企业会根据市场预测和竞争对手分析，准确进行战略定位、正确编制经营计划和财务报表，科学进行绩效评价，把模拟企业打造成成长性领军企业。

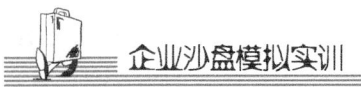

复习思考题

1. 试述企业战略的概念、特征、构成要素，归纳总结实施企业战略的步骤。

2. 如何进行企业战略定位？根据市场预测和竞争环境制定 1~6 年模拟企业战略。

3. 试述编制模拟企业年度营销计划和广告投放方案的方法。

4. 如何在衔接销售、生产、采购环节等业务流程基础上编制模拟企业年度生产计划和采购计划？

5. 试述编制模拟企业年度资金预算计划的方法及需要考虑的因素。

6. 试述模拟企业销售分析和成本分析的方法和步骤。

7. 试述根据模拟企业编制的年度利润表、资产负债表，如何进行财务指标分析和杜邦系统分析。

8. 试述根据模拟企业平衡计分卡绩效考核指标，如何对模拟企业各部门及主管进行绩效评价。

企业沙盘模拟实训附表

附表 A 模拟企业市场广告竞单表

第 1 年

本地市场				区域市场				国内市场				亚洲市场				国际市场			
产品	广告	9K	14K	产品	广告	9K	14K	产品	广告	9K	14K	产品	广告	9K	14K	产品	广告	9K	14K
P1																			
P2																			
P3																			
P4																			

第 2 年

本地市场				区域市场				国内市场				亚洲市场				国际市场			
产品	广告	9K	14K	产品	广告	9K	14K	产品	广告	9K	14K	产品	广告	9K	14K	产品	广告	9K	14K
P1				P1															
P2				P2															
P3				P3															
P4				P4															

第 3 年

本地市场				区域市场				国内市场				亚洲市场				国际市场			
产品	广告	9K	14K	产品	广告	9K	14K	产品	广告	9K	14K	产品	广告	9K	14K	产品	广告	9K	14K
P1				P1				P1											
P2				P2				P2											
P3				P3				P3											
P4				P4				P4											

第 4 年

本 地 市 场				区 域 市 场				国 内 市 场				亚 洲 市 场				国 际 市 场			
产品	广告	9K	14K	产品	广告	9K	14K	产品	广告	9K	14K	产品	广告	9K	14K	产品	广告	9K	14K
P1				P1				P1				P1							
P2				P2				P2				P2					✕		
P3				P3				P3				P3							
P4				P4				P4				P4							

第 5 年

本 地 市 场				区 域 市 场				国 内 市 场				亚 洲 市 场				国 际 市 场			
产品	广告	9K	14K	产品	广告	9K	14K	产品	广告	9K	14K	产品	广告	9K	14K	产品	广告	9K	14K
P1				P1				P1				P1				P1			
P2				P2				P2				P2				P2			
P3				P3				P3				P3				P3			
P4				P4				P4				P4				P4			

第 6 年

本 地 市 场				区 域 市 场				国 内 市 场				亚 洲 市 场				国 际 市 场			
产品	广告	9K	14K	产品	广告	9K	14K	产品	广告	9K	14K	产品	广告	9K	14K	产品	广告	9K	14K
P1				P1				P1				P1				P1			
P2				P2				P2				P2				P2			
P3				P3				P3				P3				P3			
P4				P4				P4				P4				P4			

第 7 年

本 地 市 场				区 域 市 场				国 内 市 场				亚 洲 市 场				国 际 市 场			
产品	广告	9K	14K	产品	广告	9K	14K	产品	广告	9K	14K	产品	广告	9K	14K	产品	广告	9K	14K
P1				P1				P1				P1				P1			
P2				P2				P2				P2				P2			
P3				P3				P3				P3				P3			
P4				P4				P4				P4				P4			

第 8 年

本 地 市 场				区 域 市 场				国 内 市 场				亚 洲 市 场				国 际 市 场			
产品	广告	9K	14K	产品	广告	9K	14K	产品	广告	9K	14K	产品	广告	9K	14K	产品	广告	9K	14K
P1				P1				P1				P1				P1			
P2				P2				P2				P2				P2			
P3				P3				P3				P3				P3			
P4				P4				P4				P4				P4			

附表 B　模拟企业运营记录表

第 0 年

序　号	手工操作流程	第 1 季度	第 2 季度	第 3 季度	第 4 季度
1	新年度规划会议				
2	广告投放				
3	参加订货会选订单/登记销售订单				
4	支付应付税				
5	支付长期贷款利息				
6	更新长期贷款/长期贷款还款				
7	申请长期贷款				
8	季初现金盘点（请填余额）				
9	更新短期贷款/短期贷款还本付息				
10	申请短期贷款				
11	更新应付账款/归还应付账款				
12	原材料入库/更新原材料订单				
13	下原材料订单				
14	购买（租用）厂房				
15	更新生产/完工入库				
16	新建生产线/在建生产线/生产线转产/变卖生产线				
17	紧急采购/企业间交易（随时）				
18	开始下一批生产				
19	更新应收账款/应收账款收现/追加权益				
20	按订单交货				
21	出售厂房（自动转租）				
22	产品研发投资				
23	支付行政管理费及其他				
24	新市场开拓				
25	ISO 资格认证投资				
26	出售库存（随时）				
27	应收账款贴现（随时）				
28	缴纳违约订单罚款				
29	支付设备维护费				
30	季末现金收入合计				
31	季末现金支出合计				
32	季末现金对账（8）+（30）－（31）				
33	计提折旧				（　）
34	结账				

订单登记表

订单号										合　计
市场										
产品										
数量										
账期										
销售额										
成本										
毛利										
未售										

产品销售核算统计表

单位：百万元（M）

产 品 项 目	P1	P2	P3	P4	合　　计
数量					
销售额					
成本					
毛利					

综合费用明细表

单位：百万元（M）

项　　目	金　额	备　　注
管理费		
广告费		
维护费		
租金		
转产费		
市场开拓		□区域　　□国内　　□亚洲　　□国际
ISO 资格认证		□ISO9000　　□ISO14000
产品研发		P2（　　　）　P3（　　　）　P4（　　　）
其他		
合计		

利润表

单位：百万元（M）

项 目	运算符号	上 年 数	本 年 数
销售收入	+	35	
直接成本	−	12	
毛利	=	23	
综合费用	−	11	
折旧前利润	=	12	
折旧	−	4	
支付息税前利润	=	8	
财务收入/支出	+/−	4	
其他收入/支出	+/−	0	
税前利润	=	4	
所得税	−	1	
净利润	=	3	

资产负债表

单位：百万元（M）

资 产	期 初 数	期 末 数	负债和所有者权益	期 初 数	期 末 数
流动资产：			负债：		
现金	20		长期负债	40	
应收账款	15		短期负债	0	
在制品	8		应付账款	0	
产成品	6		应交税费	1	
原材料	3		一年内到期的长期负债	0	
流动资产合计	52		负债合计	41	
固定资产：			所有者权益（或股东权益）：		
土地和建筑物	40		股东资本	50	
机器和设备	13		利润留存	11	
在建工程	0		年度净利	3	
固定资产合计	53		所有者权益合计	64	
资产总计	105		负债和所有者权益总计	105	

第 1 年

序　号	手工操作流程	第1季度	第2季度	第3季度	第4季度
1	新年度规划会议				
2	广告投放				
3	参加订货会选订单/登记销售订单				
4	支付应付税				
5	支付长期贷款利息				
6	更新长期贷款/长期贷款还款				
7	申请长期贷款				
8	季初现金盘点（请填余额）				
9	更新短期贷款/短期贷款还本付息				
10	申请短期贷款				
11	更新应付账款/归还应付账款				
12	原材料入库/更新原材料订单				
13	下原材料订单				
14	购买（租用）厂房				
15	更新生产/完工入库				
16	新建生产线/在建生产线/生产线转产/变卖生产线				
17	紧急采购/企业间交易（随时）				
18	开始下一批生产				
19	更新应收账款/应收账款收现/追加权益				
20	按订单交货				
21	出售厂房（自动转租）				
22	产品研发投资				
23	支付行政管理费及其他				
24	新市场开拓				
25	ISO 资格认证投资				
26	出售库存（随时）				
27	应收账款贴现（随时）				
28	缴纳违约订单罚款				
29	支付设备维护费				
30	季末现金收入合计				
31	季末现金支出合计				
32	季末现金对账（8）+（30）-（31）				
33	计提折旧				（　）
34	结账				

订单登记表

订单号											合 计
市场											
产品											
数量											
账期											
销售额											
成本											
毛利											
未售											

产品销售核算统计表

单位：百万元（M）

产品项目	P1	P2	P3	P4	合 计
数量					
销售额					
成本					
毛利					

综合费用明细表

单位：百万元（M）

项 目	金 额	备 注
管理费		
广告费		
维护费		
租金		
转产费		
市场开拓		□区域　□国内　□亚洲　□国际
ISO 资格认证		□ISO9000　　□ISO14000
产品研发		P2（　）　P3（　）　P4（　　）
其他		
合计		

利润表

单位：百万元（M）

项　　目	运算符号	上　年　数	本　年　数
销售收入	+		
直接成本	−		
毛利	=		
综合费用	−		
折旧前利润	=		
折旧	−		
支付息税前利润	=		
财务收入/支出	+/−		
其他收入/支出	+/−		
税前利润	=		
所得税	−		
净利润	=		

资产负债表

单位：百万元（M）

资　　产	期　初　数	期　末　数	负债和所有者权益	期　初　数	期　末　数
流动资产：			负债：		
现金			长期负债		
应收账款			短期负债		
在制品			应付账款		
产成品			应交税费		
原材料			一年内到期的长期负债		
流动资产合计			负债合计		
固定资产：			所有者权益（或股东权益）：		
土地和建筑物			股东资本		
机器和设备			利润留存		
在建工程			年度净利		
固定资产合计			所有者权益合计		
资产总计			负债和所有者权益总计		

第 2 年

序 号	手工操作流程	第1季度	第2季度	第3季度	第4季度
1	新年度规划会议				
2	广告投放				
3	参加订货会选订单/登记销售订单				
4	支付应付税				
5	支付长期贷款利息				
6	更新长期贷款/长期贷款还款				
7	申请长期贷款				
8	季初现金盘点（请填余额）				
9	更新短期贷款/短期贷款还本付息				
10	申请短期贷款				
11	更新应付账款/归还应付账款				
12	原材料入库/更新原材料订单				
13	下原材料订单				
14	购买（租用）厂房				
15	更新生产/完工入库				
16	新建生产线/在建生产线/生产线转产/变卖生产线				
17	紧急采购/企业间交易（随时）				
18	开始下一批生产				
19	更新应收账款/应收账款收现/追加权益				
20	按订单交货				
21	出售厂房（自动转租）				
22	产品研发投资				
23	支付行政管理费及其他				
24	新市场开拓				
25	ISO 资格认证投资				
26	出售库存（随时）				
27	应收账款贴现（随时）				
28	缴纳违约订单罚款				
29	支付设备维护费				
30	季末现金收入合计				
31	季末现金支出合计				
32	季末现金对账（8）+（30）−（31）				
33	计提折旧				（ ）
34	结账				

订单登记表

订单号										合　计
市场										
产品										
数量										
账期										
销售额										
成本										
毛利										
未售										

产品销售核算统计表

单位：百万元（M）

产品项目	P1	P2	P3	P4	合　计
数量					
销售额					
成本					
毛利					

综合费用明细表

单位：百万元（M）

项　目	金　额	备　注
管理费		
广告费		
维护费		
租金		
转产费		
市场开拓		□区域　□国内　□亚洲　□国际
ISO 资格认证		□ISO9000　　□ISO14000
产品研发		P2（　）　P3（　）　P4（　）
其他		
合计		

利润表

单位：百万元（M）

项　　目	运算符号	上　年　数	本　年　数
销售收入	+		
直接成本	−		
毛利	=		
综合费用	−		
折旧前利润	=		
折旧	−		
支付息税前利润	=		
财务收入/支出	+/−		
其他收入/支出	+/−		
税前利润	=		
所得税	−		
净利润	=		

资产负债表

单位：百万元（M）

资　　产	期　初　数	期　末　数	负债和所有者权益	期　初　数	期　末　数
流动资产：			负债：		
现金			长期负债		
应收账款			短期负债		
在制品			应付账款		
产成品			应交税费		
原材料			一年内到期的长期负债		
流动资产合计			负债合计		
固定资产：			所有者权益（或股东权益）：		
土地和建筑物			股东资本		
机器和设备			利润留存		
在建工程			年度净利		
固定资产合计			所有者权益合计		
资产总计			负债和所有者权益总计		

第3年

序 号	手工操作流程	第1季度	第2季度	第3季度	第4季度
1	新年度规划会议				
2	广告投放				
3	参加订货会选订单/登记销售订单				
4	支付应付税				
5	支付长期贷款利息				
6	更新长期贷款/长期贷款还款				
7	申请长期贷款				
8	季初现金盘点（请填余额）				
9	更新短期贷款/短期贷款还本付息				
10	申请短期贷款				
11	更新应付账款/归还应付账款				
12	原材料入库/更新原材料订单				
13	下原材料订单				
14	购买（租用）厂房				
15	更新生产/完工入库				
16	新建生产线/在建生产线/生产线转产/变卖生产线				
17	紧急采购/企业间交易（随时）				
18	开始下一批生产				
19	更新应收账款/应收账款收现/追加权益				
20	按订单交货				
21	出售厂房（自动转租）				
22	产品研发投资				
23	支付行政管理费及其他				
24	新市场开拓				
25	ISO 资格认证投资				
26	出售库存（随时）				
27	应收账款贴现（随时）				
28	缴纳违约订单罚款				
29	支付设备维护费				
30	季末现金收入合计				
31	季末现金支出合计				
32	季末现金对账（8）+（30）–（31）				
33	计提折旧				（ ）
34	结账				

订单登记表

订单号										合 计
市场										
产品										
数量										
账期										
销售额										
成本										
毛利										
未售										

产品销售核算统计表

单位：百万元（M）

产品 项目	P1	P2	P3	P4	合 计
数量					
销售额					
成本					
毛利					

综合费用明细表

单位：百万元（M）

项 目	金 额	备 注
管理费		
广告费		
维护费		
租金		
转产费		
市场开拓		□区域　□国内　□亚洲　□国际
ISO 资格认证		□ISO9000　□ISO14000
产品研发		P2（　）　P3（　）　P4（　）
其他		
合计		

利润表

单位：百万元（M）

项 目	运算符号	上 年 数	本 年 数
销售收入	+		
直接成本	–		
毛利	=		
综合费用	–		
折旧前利润	=		
折旧	–		
支付息税前利润	=		
财务收入/支出	+/–		
其他收入/支出	+/–		
税前利润	=		
所得税	–		
净利润	=		

资产负债表

单位：百万元（M）

资 产	期 初 数	期 末 数	负债和所有者权益	期 初 数	期 末 数
流动资产：			负债：		
现金			长期负债		
应收账款			短期负债		
在制品			应付账款		
产成品			应交税费		
原材料			一年内到期的长期负债		
流动资产合计			负债合计		
固定资产：			所有者权益（或股东权益）：		
土地和建筑物			股东资本		
机器和设备			利润留存		
在建工程			年度净利		
固定资产合计			所有者权益合计		
资产总计			负债和所有者权益总计		

第 4 年

序 号	手工操作流程	第1季度	第2季度	第3季度	第4季度
1	新年度规划会议				
2	广告投放				
3	参加订货会选订单/登记销售订单				
4	支付应付税				
5	支付长期贷款利息				
6	更新长期贷款/长期贷款还款				
7	申请长期贷款				
8	季初现金盘点（请填余额）				
9	更新短期贷款/短期贷款还本付息				
10	申请短期贷款				
11	更新应付账款/归还应付账款				
12	原材料入库/更新原材料订单				
13	下原材料订单				
14	购买（租用）厂房				
15	更新生产/完工入库				
16	新建生产线/在建生产线/生产线转产/变卖生产线				
17	紧急采购/企业间交易（随时）				
18	开始下一批生产				
19	更新应收账款/应收账款收现/追加权益				
20	按订单交货				
21	出售厂房（自动转租）				
22	产品研发投资				
23	支付行政管理费及其他				
24	新市场开拓				
25	ISO 资格认证投资				
26	出售库存（随时）				
27	应收账款贴现（随时）				
28	缴纳违约订单罚款				
29	支付设备维护费				
30	季末现金收入合计				
31	季末现金支出合计				
32	季末现金对账（8）+（30）-（31）				
33	计提折旧				（ ）
34	结账				

订单登记表

订单号										合　计
市场										
产品										
数量										
账期										
销售额										
成本										
毛利										
未售										

产品销售核算统计表

单位：百万元（M）

产 品 项 目	P1	P2	P3	P4	合　计
数量					
销售额					
成本					
毛利					

综合费用明细表

单位：百万元（M）

项　　目	金　额	备　注
管理费		
广告费		
维护费		
租金		
转产费		
市场开拓		□区域　　□国内　　□亚洲　　□国际
ISO 资格认证		□ISO9000　　　□ISO14000
产品研发		P2（　　　）　P3（　　　）　P4（　　　）
其他		
合计		

利润表

单位：百万元（M）

项　　目	运算符号	上　年　数	本　年　数
销售收入	+		
直接成本	–		
毛利	=		
综合费用	–		
折旧前利润	=		
折旧	–		
支付息税前利润	=		
财务收入/支出	+/–		
其他收入/支出	+/–		
税前利润	=		
所得税	–		
净利润	=		

资产负债表

单位：百万元（M）

资　　产	期　初　数	期　末　数	负债和所有者权益	期　初　数	期　末　数
流动资产：			负债：		
现金			长期负债		
应收账款			短期负债		
在制品			应付账款		
产成品			应交税费		
原材料			一年内到期的长期负债		
流动资产合计			负债合计		
固定资产：			所有者权益（或股东权益）：		
土地和建筑物			股东资本		
机器和设备			利润留存		
在建工程			年度净利		
固定资产合计			所有者权益合计		
资产总计			负债和所有者权益总计		

第 5 年

序 号	手工操作流程	第1季度	第2季度	第3季度	第4季度
1	新年度规划会议				
2	广告投放				
3	参加订货会选订单/登记销售订单				
4	支付应付税				
5	支付长期贷款利息				
6	更新长期贷款/长期贷款还款				
7	申请长期贷款				
8	季初现金盘点（请填余额）				
9	更新短期贷款/短期贷款还本付息				
10	申请短期贷款				
11	更新应付账款/归还应付账款				
12	原材料入库/更新原材料订单				
13	下原材料订单				
14	购买（租用）厂房				
15	更新生产/完工入库				
16	新建生产线/在建生产线/生产线转产/变卖生产线				
17	紧急采购/企业间交易（随时）				
18	开始下一批生产				
19	更新应收账款/应收账款收现/追加权益				
20	按订单交货				
21	出售厂房（自动转租）				
22	产品研发投资				
23	支付行政管理费及其他				
24	新市场开拓				
25	ISO 资格认证投资				
26	出售库存（随时）				
27	应收账款贴现（随时）				
28	缴纳违约订单罚款				
29	支付设备维护费				
30	季末现金收入合计				
31	季末现金支出合计				
32	季末现金对账（8）+（30）−（31）				
33	计提折旧				（　）
34	结账				

订单登记表

订单号										合 计
市场										
产品										
数量										
账期										
销售额										
成本										
毛利										
未售										

产品销售核算统计表

单位：百万元（M）

产品 项目	P1	P2	P3	P4	合 计
数量					
销售额					
成本					
毛利					

综合费用明细表

单位：百万元（M）

项 目	金 额	备 注
管理费		
广告费		
维护费		
租金		
转产费		
市场开拓		□区域　　□国内　　□亚洲　　□国际
ISO 资格认证		□ISO9000　　□ISO14000
产品研发		P2（　　）　　P3（　　）　　P4（　　）
其他		
合计		

利润表

单位：百万元（M）

项　　目	运算符号	上　年　数	本　年　数
销售收入	+		
直接成本	−		
毛利	=		
综合费用	−		
折旧前利润	=		
折旧	−		
支付息税前利润	=		
财务收入/支出	+/−		
其他收入/支出	+/−		
税前利润	=		
所得税	−		
净利润	=		

资产负债表

单位：百万元（M）

资　　产	期　初　数	期　末　数	负债和所有者权益	期　初　数	期　末　数
流动资产：			负债		
现金			长期负债		
应收账款			短期负债		
在制品			应付账款		
产成品			应交税费		
原材料			一年内到期的长期负债		
流动资产合计			负债合计		
固定资产：			所有者权益（或股东权益）：		
土地和建筑物			股东资本		
机器和设备			利润留存		
在建工程			年度净利		
固定资产合计			所有者权益合计		
资产总计			负债和所有者权益总计		

第 6 年

序 号	手工操作流程	第1季度	第2季度	第3季度	第4季度
1	新年度规划会议				
2	广告投放				
3	参加订货会选订单/登记销售订单				
4	支付应付税				
5	支付长期贷款利息				
6	更新长期贷款/长期贷款还款				
7	申请长期贷款				
8	季初现金盘点（请填余额）				
9	更新短期贷款/短期贷款还本付息				
10	申请短期贷款				
11	更新应付账款/归还应付账款				
12	原材料入库/更新原材料订单				
13	下原材料订单				
14	购买（租用）厂房				
15	更新生产/完工入库				
16	新建生产线/在建生产线/生产线转产/变卖生产线				
17	紧急采购/企业间交易（随时）				
18	开始下一批生产				
19	更新应收账款/应收账款收现/追加权益				
20	按订单交货				
21	出售厂房（自动转租）				
22	产品研发投资				
23	支付行政管理费及其他				
24	新市场开拓				
25	ISO资格认证投资				
26	出售库存（随时）				
27	应收账款贴现（随时）				
28	缴纳违约订单罚款				
29	支付设备维护费				
30	季末现金收入合计				
31	季末现金支出合计				
32	季末现金对账（8）+（30）-（31）				
33	计提折旧				（ ）
34	结账				

订单登记表

订单号									合　计
市场									
产品									
数量									
账期									
销售额									
成本									
毛利									
未售									

产品销售核算统计表

单位：百万元（M）

产品 项目	P1	P2	P3	P4	合　计
数量					
销售额					
成本					
毛利					

综合费用明细表

单位：百万元（M）

项　　目	金　　额	备　　注
管理费		
广告费		
维护费		
租金		
转产费		
市场开拓		□区域　　□国内　　□亚洲　　□国际
ISO 资格认证		□ISO9000　　□ISO14000
产品研发		P2（　　）　P3（　　）　P4（　　）
其他		
合计		

利润表

单位：百万元（M）

项　　目	运算符号	上　年　数	本　年　数
销售收入	+		
直接成本	−		
毛利	=		
综合费用	−		
折旧前利润	=		
折旧	−		
支付息税前利润	=		
财务收入/支出	+/−		
其他收入/支出	+/−		
税前利润	=		
所得税	−		
净利润	=		

资产负债表

单位：百万元（M）

资　　产	期　初　数	期　末　数	负债和所有者权益	期　初　数	期　末　数
流动资产：			负债：		
现金			长期负债		
应收账款			短期负债		
在制品			应付账款		
产成品			应交税费		
原材料			一年内到期的长期负债		
流动资产合计			负债合计		
固定资产：			所有者权益（或股东权益）：		
土地和建筑物			股东资本		
机器和设备			利润留存		
在建工程			年度净利		
固定资产合计			所有者权益合计		
资产总计			负债和所有者权益总计		

第7年

序 号	手工操作流程	第1季度	第2季度	第3季度	第4季度
1	新年度规划会议				
2	广告投放				
3	参加订货会选订单/登记销售订单				
4	支付应付税				
5	支付长期贷款利息				
6	更新长期贷款/长期贷款还款				
7	申请长期贷款				
8	季初现金盘点（请填余额）				
9	更新短期贷款/短期贷款还本付息				
10	申请短期贷款				
11	更新应付账款/归还应付账款				
12	原材料入库/更新原材料订单				
13	下原材料订单				
14	购买（租用）厂房				
15	更新生产/完工入库				
16	新建生产线/在建生产线/生产线转产/变卖生产线				
17	紧急采购/企业间交易（随时）				
18	开始下一批生产				
19	更新应收账款/应收账款收现/追加权益				
20	按订单交货				
21	出售厂房（自动转租）				
22	产品研发投资				
23	支付行政管理费及其他				
24	新市场开拓				
25	ISO资格认证投资				
26	出售库存（随时）				
27	应收账款贴现（随时）				
28	缴纳违约订单罚款				
29	支付设备维护费				
30	季末现金收入合计				
31	季末现金支出合计				
32	季末现金对账（8）+（30）−（31）				
33	计提折旧				（ ）
34	结账				

订单登记表

订单号									合　计
市场									
产品									
数量									
账期									
销售额									
成本									
毛利									
未售									

产品销售核算统计表

单位：百万元（M）

产品项目	P1	P2	P3	P4	合　计
数量					
销售额					
成本					
毛利					

综合费用明细表

单位：百万元（M）

项　目	金　额	备　注
管理费		
广告费		
维护费		
租金		
转产费		
市场开拓		□区域　□国内　□亚洲　□国际
ISO资格认证		□ISO9000　□ISO14000
产品研发		P2（　）　P3（　）　P4（　）
其他		
合计		

利润表

单位：百万元（M）

项 目	运算符号	上 年 数	本 年 数
销售收入	+		
直接成本	−		
毛利	=		
综合费用	−		
折旧前利润	=		
折旧	−		
支付息税前利润	=		
财务收入/支出	+/−		
其他收入/支出	+/−		
税前利润	=		
所得税	−		
净利润	=		

资产负债表

单位：百万元（M）

资 产	期 初 数	期 末 数	负债和所有者权益	期 初 数	期 末 数
流动资产：			负债：		
现金			长期负债		
应收账款			短期负债		
在制品			应付账款		
产成品			应交税费		
原材料			一年内到期的长期负债		
流动资产合计			负债合计		
固定资产：			所有者权益（或股东权益）：		
土地和建筑物			股东资本		
机器和设备			利润留存		
在建工程			年度净利		
固定资产合计			所有者权益合计		
资产总计			负债和所有者权益总计		

第 8 年

序 号	手工操作流程	第1季度	第2季度	第3季度	第4季度
1	新年度规划会议				
2	广告投放				
3	参加订货会选订单/登记销售订单				
4	支付应付税				
5	支付长期贷款利息				
6	更新长期贷款/长期贷款还款				
7	申请长期贷款				
8	季初现金盘点（请填余额）				
9	更新短期贷款/短期贷款还本付息				
10	申请短期贷款				
11	更新应付账款/归还应付账款				
12	原材料入库/更新原材料订单				
13	下原材料订单				
14	购买（租用）厂房				
15	更新生产/完工入库				
16	新建生产线/在建生产线/生产线转产/变卖生产线				
17	紧急采购/企业间交易（随时）				
18	开始下一批生产				
19	更新应收账款/应收账款收现/追加权益				
20	按订单交货				
21	出售厂房（自动转租）				
22	产品研发投资				
23	支付行政管理费及其他				
24	新市场开拓				
25	ISO 资格认证投资				
26	出售库存（随时）				
27	应收账款贴现（随时）				
28	缴纳违约订单罚款				
29	支付设备维护费				
30	季末现金收入合计				
31	季末现金支出合计				
32	季末现金对账（8）+（30）−（31）				
33	计提折旧				（ ）
34	结账				

订单登记表

订单号										合 计
市场										
产品										
数量										
账期										
销售额										
成本										
毛利										
未售										

产品销售核算统计表

单位：百万元（M）

产品 项目	P1	P2	P3	P4	合 计
数量					
销售额					
成本					
毛利					

综合费用明细表

单位：百万元（M）

项 目	金 额	备 注
管理费		
广告费		
维护费		
租金		
转产费		
市场开拓		□区域　□国内　□亚洲　□国际
ISO 资格认证		□ISO9000　　□ISO14000
产品研发		P2（ 　）　P3（ 　）　P4（ 　）
其他		
合计		

利润表

单位：百万元（M）

项 目	运算符号	上 年 数	本 年 数
销售收入	+		
直接成本	−		
毛利	=		
综合费用	−		
折旧前利润	=		
折旧	−		
支付息税前利润	=		
财务收入/支出	+/−		
其他收入/支出	+/−		
税前利润	=		
所得税	−		
净利润	=		

资产负债表

单位：百万元（M）

资 产	期 初 数	期 末 数	负债和所有者权益	期 初 数	期 末 数
流动资产：			负债：		
现金			长期负债		
应收账款			短期负债		
在制品			应付账款		
产成品			应交税费		
原材料			一年内到期的长期负债		
流动资产合计			负债合计		
固定资产：			所有者权益（或股东权益）：		
土地和建筑物			股东资本		
机器和设备			利润留存		
在建工程			年度净利		
固定资产合计			所有者权益合计		
资产总计			负债和所有者权益总计		

附表 C　模拟企业生产计划与采购计划表

单位：个

生 产 线		第 1 年				第 2 年			
		1季度	2季度	3季度	4季度	1季度	2季度	3季度	4季度
1	产品								
	原材料								
2	产品								
	原材料								
3	产品								
	原材料								
4	产品								
	原材料								
5	产品								
	原材料								
6	产品								
	原材料								
7	产品								
	原材料								
8	产品								
	原材料								
9	产品								
	原材料								
10	产品								
	原材料								

第 1 年

年初业务计划要点：_____

第 1 季度计划要点：_____

第 2 季度计划要点：_____

第 3 季度计划要点：_____

第 4 季度计划要点：_____

年末业务计划要点：_____

第 2 年

年初业务计划要点：_____

第 1 季度计划要点：_____

第 2 季度计划要点：_____

第 3 季度计划要点：_____

第 4 季度计划要点：_____

年末业务计划要点：_____

单位：个

生 产 线		第 3 年				第 4 年			
		1 季度	2 季度	3 季度	4 季度	1 季度	2 季度	3 季度	4 季度
1	产品								
	原材料								
2	产品								
	原材料								
3	产品								
	原材料								
4	产品								
	原材料								
5	产品								
	原材料								
6	产品								
	原材料								
7	产品								
	原材料								
8	产品								
	原材料								
9	产品								
	原材料								
10	产品								
	原材料								

第 3 年

年初业务计划要点：_____

第 1 季度计划要点：_____

第 2 季度计划要点：_____

第 3 季度计划要点：_____

第 4 季度计划要点：_____

年末业务计划要点：_____

第 4 年

年初业务计划要点：_____

第 1 季度计划要点：_____

第 2 季度计划要点：_____

第 3 季度计划要点：_____

第 4 季度计划要点：_____

年末业务计划要点：_____

单位：个

生 产 线		第 5 年				第 6 年			
		1 季度	2 季度	3 季度	4 季度	1 季度	2 季度	3 季度	4 季度
1	产品								
	原材料								
2	产品								
	原材料								
3	产品								
	原材料								
4	产品								
	原材料								
5	产品								
	原材料								
6	产品								
	原材料								
7	产品								
	原材料								
8	产品								
	原材料								
9	产品								
	原材料								
10	产品								
	原材料								

第 5 年

年初业务计划要点：＿＿＿＿＿＿＿＿＿＿＿＿＿＿＿＿＿＿＿＿

第 1 季度计划要点：＿＿＿＿＿＿＿＿＿＿＿＿＿＿＿＿＿＿＿＿

第 2 季度计划要点：＿＿＿＿＿＿＿＿＿＿＿＿＿＿＿＿＿＿＿＿

第 3 季度计划要点：＿＿＿＿＿＿＿＿＿＿＿＿＿＿＿＿＿＿＿＿

第 4 季度计划要点：＿＿＿＿＿＿＿＿＿＿＿＿＿＿＿＿＿＿＿＿

年末业务计划要点：＿＿＿＿＿＿＿＿＿＿＿＿＿＿＿＿＿＿＿＿

第 6 年

年初业务计划要点：＿＿＿＿＿＿＿＿＿＿＿＿＿＿＿＿＿＿＿＿

第 1 季度计划要点：＿＿＿＿＿＿＿＿＿＿＿＿＿＿＿＿＿＿＿＿

第 2 季度计划要点：＿＿＿＿＿＿＿＿＿＿＿＿＿＿＿＿＿＿＿＿

第 3 季度计划要点：＿＿＿＿＿＿＿＿＿＿＿＿＿＿＿＿＿＿＿＿

第 4 季度计划要点：＿＿＿＿＿＿＿＿＿＿＿＿＿＿＿＿＿＿＿＿

年末业务计划要点：＿＿＿＿＿＿＿＿＿＿＿＿＿＿＿＿＿＿＿＿

单位：个

生 产 线		第7年				第8年			
		1季度	2季度	3季度	4季度	1季度	2季度	3季度	4季度
1	产品								
	原材料								
2	产品								
	原材料								
3	产品								
	原材料								
4	产品								
	原材料								
5	产品								
	原材料								
6	产品								
	原材料								
7	产品								
	原材料								
8	产品								
	原材料								
9	产品								
	原材料								
10	产品								
	原材料								

第7年

年初业务计划要点：＿＿＿＿＿＿＿＿＿＿＿＿＿＿＿＿＿＿＿

第1季度计划要点：＿＿＿＿＿＿＿＿＿＿＿＿＿＿＿＿＿＿＿

第2季度计划要点：＿＿＿＿＿＿＿＿＿＿＿＿＿＿＿＿＿＿＿

第3季度计划要点：＿＿＿＿＿＿＿＿＿＿＿＿＿＿＿＿＿＿＿

第4季度计划要点：＿＿＿＿＿＿＿＿＿＿＿＿＿＿＿＿＿＿＿

年末业务计划要点：＿＿＿＿＿＿＿＿＿＿＿＿＿＿＿＿＿＿＿

第8年

年初业务计划要点：＿＿＿＿＿＿＿＿＿＿＿＿＿＿＿＿＿＿＿

第1季度计划要点：＿＿＿＿＿＿＿＿＿＿＿＿＿＿＿＿＿＿＿

第2季度计划要点：＿＿＿＿＿＿＿＿＿＿＿＿＿＿＿＿＿＿＿

第3季度计划要点：＿＿＿＿＿＿＿＿＿＿＿＿＿＿＿＿＿＿＿

第4季度计划要点：＿＿＿＿＿＿＿＿＿＿＿＿＿＿＿＿＿＿＿

年末业务计划要点：＿＿＿＿＿＿＿＿＿＿＿＿＿＿＿＿＿＿＿

附表 D　模拟企业资金预算计划表

第 0 年

预 算 项 目	第 1 季度	第 2 季度	第 3 季度	第 4 季度
期初库存现金				
市场广告投入				
支付上年应交税				
支付利息（长期贷款）				
归还到期的长期贷款				
支付利息（短期贷款）				
归还到期的短期贷款				
原材料采购支付现金				
支付转产费用				
购买（租用）厂房支出				
生产线投资				
支付加工费				
产品研发投资				
支付行政管理费用				
购置成品或原材料支出（企业间交易）				
其他（罚款）支出				
市场开拓投资				
ISO 认证投资				
设备维护费用				
收到现金前的所有支出				
获得长期贷款				
获得短期贷款				
变卖生产线残值收入				
出售成品或原材料收入（企业间交易）				
应收账款收现或贴现收入				
其他（奖励）收入				
收到现金前的所有收入				
库存现金余额				

年初业务计划要点：_____

第 1 季度计划要点：_____

第 2 季度计划要点：_____

第 3 季度计划要点：_____

第 4 季度计划要点：_____

年末业务计划要点：_____

第 1 年

预 算 项 目	第 1 季度	第 2 季度	第 3 季度	第 4 季度
期初库存现金				
市场广告投入				
支付上年应交税				
支付利息（长期贷款）				
归还到期的长期贷款				
支付利息（短期贷款）				
归还到期的短期贷款				
原材料采购支付现金				
支付转产费用				
购买（租用）厂房支出				
生产线投资				
支付加工费				
产品研发投资				
支付行政管理费用				
购置成品或原材料支出（企业间交易）				
其他（罚款）支出				
市场开拓投资				
ISO 认证投资				
设备维护费用				
收到现金前的所有支山				
获得长期贷款				
获得短期贷款				
变卖生产线残值收入				
出售成品或原材料收入（企业间交易）				
应收账款收现或贴现收入				
其他（奖励）收入				
收到现金前的所有收入				
库存现金余额				

年初业务计划要点：_____

第 1 季度计划要点：_____

第 2 季度计划要点：_____

第 3 季度计划要点：_____

第 4 季度计划要点：_____

年末业务计划要点：_____

第 2 年

预 算 项 目	第 1 季度	第 2 季度	第 3 季度	第 4 季度
期初库存现金				
市场广告投入				
支付上年应交税				
支付利息（长期贷款）				
归还到期的长期贷款				
支付利息（短期贷款）				
归还到期的短期贷款				
原材料采购支付现金				
支付转产费用				
购买（租用）厂房支出				
生产线投资				
支付加工费				
产品研发投资				
支付行政管理费用				
购置成品或原材料支出（企业间交易）				
其他（罚款）支出				
市场开拓投资				
ISO 认证投资				
设备维护费用				
收到现金前的所有支出				
获得长期贷款				
获得短期贷款				
变卖生产线残值收入				
出售成品或原材料收入（企业间交易）				
应收账款收现或贴现收入				
其他（奖励）收入				
收到现金前的所有收入				
库存现金余额				

年初业务计划要点：_____

第 1 季度计划要点：_____

第 2 季度计划要点：_____

第 3 季度计划要点：_____

第 4 季度计划要点：_____

年末业务计划要点：_____

第 3 年

预 算 项 目	第1季度	第2季度	第3季度	第4季度
期初库存现金				
市场广告投入				
支付上年应交税				
支付利息（长期贷款）				
归还到期的长期贷款				
支付利息（短期贷款）				
归还到期的短期贷款				
原材料采购支付现金				
支付转产费用				
购买（租用）厂房支出				
生产线投资				
支付加工费				
产品研发投资				
支付行政管理费用				
购置成品或原材料支出（企业间交易）				
其他（罚款）支出				
市场开拓投资				
ISO 认证投资				
设备维护费用				
收到现金前的所有支出				
获得长期贷款				
获得短期贷款				
变卖生产线残值收入				
出售成品或原材料收入（企业间交易）				
应收账款收现或贴现收入				
其他（奖励）收入				
收到现金前的所有收入				
库存现金余额				

年初业务计划要点：_____

第1季度计划要点：_____

第2季度计划要点：_____

第3季度计划要点：_____

第4季度计划要点：_____

年末业务计划要点：_____

第 4 年

预 算 项 目	第 1 季度	第 2 季度	第 3 季度	第 4 季度
期初库存现金				
市场广告投入				
支付上年应交税				
支付利息（长期贷款）				
归还到期的长期贷款				
支付利息（短期贷款）				
归还到期的短期贷款				
原材料采购支付现金				
支付转产费用				
购买（租用）厂房支出				
生产线投资				
支付加工费				
产品研发投资				
支付行政管理费用				
购置成品或原材料支出（企业间交易）				
其他（罚款）支出				
市场开拓投资				
ISO 认证投资				
设备维护费用				
收到现金前的所有支出				
获得长期贷款				
获得短期贷款				
变卖生产线残值收入				
出售成品或原材料收入（企业间交易）				
应收账款收现或贴现收入				
其他（奖励）收入				
收到现金前的所有收入				
库存现金余额				

年初业务计划要点：_____

第 1 季度计划要点：_____

第 2 季度计划要点：_____

第 3 季度计划要点：_____

第 4 季度计划要点：_____

年末业务计划要点：_____

第 5 年

预 算 项 目	第 1 季度	第 2 季度	第 3 季度	第 4 季度
期初库存现金				
市场广告投入				
支付上年应交税				
支付利息（长期贷款）				
归还到期的长期贷款				
支付利息（短期贷款）				
归还到期的短期贷款				
原材料采购支付现金				
支付转产费用				
购买（租用）厂房支出				
生产线投资				
支付加工费				
产品研发投资				
支付行政管理费用				
购置成品或原材料支出（企业间交易）				
其他（罚款）支出				
市场开拓投资				
ISO 认证投资				
设备维护费用				
收到现金前的所有支出				
获得长期贷款				
获得短期贷款				
变卖生产线残值收入				
出售成品或原材料收入（企业间交易）				
应收账款收现或贴现收入				
其他（奖励）收入				
收到现金前的所有收入				
库存现金余额				

年初业务计划要点：_____
第 1 季度计划要点：_____
第 2 季度计划要点：_____
第 3 季度计划要点：_____
第 4 季度计划要点：_____
年末业务计划要点：_____

第 6 年

预 算 项 目	第 1 季度	第 2 季度	第 3 季度	第 4 季度
期初库存现金				
市场广告投入				
支付上年应交税				
支付利息（长期贷款）				
归还到期的长期贷款				
支付利息（短期贷款）				
归还到期的短期贷款				
原材料采购支付现金				
支付转产费用				
购买（租用）厂房支出				
生产线投资				
支付加工费				
产品研发投资				
支付行政管理费用				
购置成品或原材料支出（企业间交易）				
其他（罚款）支出				
市场开拓投资				
ISO 认证投资				
设备维护费用				
收到现金前的所有支出				
获得长期贷款				
获得短期贷款				
变卖生产线残值收入				
出售成品或原材料收入（企业间交易）				
应收账款收现或贴现收入				
其他（奖励）收入				
收到现金前的所有收入				
库存现金余额				

年初业务计划要点：_____
第 1 季度计划要点：_____
第 2 季度计划要点：_____
第 3 季度计划要点：_____
第 4 季度计划要点：_____
年末业务计划要点：_____

第 7 年

预 算 项 目	第 1 季度	第 2 季度	第 3 季度	第 4 季度
期初库存现金				
市场广告投入				
支付上年应交税				
支付利息（长期贷款）				
归还到期的长期贷款				
支付利息（短期贷款）				
归还到期的短期贷款				
原材料采购支付现金				
支付转产费用				
购买（租用）厂房支出				
生产线投资				
支付加工费				
产品研发投资				
支付行政管理费用				
购置成品或原材料支出（企业间交易）				
其他（罚款）支出				
市场开拓投资				
ISO 认证投资				
设备维护费用				
收到现金前的所有支出				
获得长期贷款				
获得短期贷款				
变卖生产线残值收入				
出售成品或原材料收入（企业间交易）				
应收账款收现或贴现收入				
其他（奖励）收入				
收到现金前的所有收入				
库存现金余额				

年初业务计划要点：_____

第 1 季度计划要点：_____

第 2 季度计划要点：_____

第 3 季度计划要点：_____

第 4 季度计划要点：_____

年末业务计划要点：_____

第 8 年

预 算 项 目	第 1 季度	第 2 季度	第 3 季度	第 4 季度
期初库存现金				
市场广告投入				
支付上年应交税				
支付利息（长期贷款）				
归还到期的长期贷款				
支付利息（短期贷款）				
归还到期的短期贷款				
原材料采购支付现金				
支付转产费用				
购买（租用）厂房支出				
生产线投资				
支付加工费				
产品研发投资				
支付行政管理费用				
购置成品或原材料支出（企业间交易）				
其他（罚款）支出				
市场开拓投资				
ISO 认证投资				
设备维护费用				
收到现金前的所有支出				
获得长期贷款				
获得短期贷款				
变卖生产线残值收入				
出售成品或原材料收入（企业间交易）				
应收账款收现或贴现收入				
其他（奖励）收入				
收到现金前的所有收入				
库存现金余额				

年初业务计划要点：_____
第 1 季度计划要点：_____
第 2 季度计划要点：_____
第 3 季度计划要点：_____
第 4 季度计划要点：_____
年末业务计划要点：_____

附表 E　模拟企业年度经营绩效评价表

第 0 年

客户层面（15%）		
目　　标	指　　标	权　　重
满意	按订单准时交货	
	按订单提前交货	
增长	广告投入产出比	
	市场占有率	
	新增市场老大	
保持	市场老大	
	市场排名	

财务层面（40%）				内部经营流程层面（15%）		
目　标	指　　标	权　重	企业发展愿景 与 企业发展战略	目　标	指　　标	权　重
收益	销售利润率			规划	资金使用	
	净资产收益率				生产能力饱和度	
偿债	资产负债率			经营	生产设备先进度	
	速动比率			质量	ISO9000 认证广告	
运营	应收账款周转率			环境	ISO14000 认证广告	
	存货周转率			新产品	新产品研发及成效	

学习与成长层面（30%）		
目　　标	指　　标	权　　重
培训	模拟企业运营规则	
	专项业务培训	
	业务成熟程度	
团队	总经理组织协调能力	
	年度经营会议决策正确程度	
	销售、生产、采购、财务部门配合程度	
	组织管理创新程度	
成长	经营绩效 （清算模式）	
	综合经营绩效 （可持续发展模式）	

第 1 年

客户层面（15%）		
目　标	指　标	权　重
满意	按订单准时交货	
	按订单提前交货	
增长	广告投入产出比	
	市场占有率	
	新增市场老大	
保持	市场老大	
	市场排名	

财务层面（40%）				内部经营流程层面（15%）		
目　标	指　标	权　重		目　标	指　标	权　重
收益	销售利润率		企业发展愿景 与 企业发展战略	规划	资金使用	
	净资产收益率				生产能力饱和度	
偿债	资产负债率			经营	生产设备先进度	
	速动比率			质量	ISO9000 认证广告	
运营	应收账款周转率			环境	ISO14000 认证广告	
	存货周转率			新产品	新产品研发及成效	

学习与成长层面（30%）		
目　标	指　标	权　重
培训	模拟企业运营规则	
	专项业务培训	
	业务成熟程度	
团队	总经理组织协调能力	
	年度经营会议决策正确程度	
	销售、生产、采购、财务部门配合程度	
	组织管理创新程度	
成长	经营绩效 （清算模式）	
	综合经营绩效 （可持续发展模式）	

第 2 年

客户层面（15%）		
目　标	指　标	权　重
满意	按订单准时交货	
	按订单提前交货	
增长	广告投入产出比	
	市场占有率	
	新增市场老大	
保持	市场老大	
	市场排名	

财务层面（40%）				内部经营流程层面（15%）		
目　标	指　标	权　重		目　标	指　标	权　重
收益	销售利润率		企业发展愿景 与 企业发展战略	规划	资金使用	
	净资产收益率				生产能力饱和度	
偿债	资产负债率			经营	生产设备先进度	
	速动比率			质量	ISO9000 认证广告	
运营	应收账款周转率			环境	ISO14000 认证广告	
	存货周转率			新产品	新产品研发及成效	

学习与成长层面（30%）		
目　标	指　标	权　重
培训	模拟企业运营规则	
	专项业务培训	
	业务成熟程度	
团队	总经理组织协调能力	
	年度经营会议决策正确程度	
	销售、生产、采购、财务部门配合程度	
	组织管理创新程度	
成长	经营绩效 （清算模式）	
	综合经营绩效 （可持续发展模式）	

第 3 年

客户层面（15%）		
目　　标	指　　标	权　　重
满意	按订单准时交货	
	按订单提前交货	
增长	广告投入产出比	
	市场占有率	
	新增市场老大	
保持	市场老大	
	市场排名	

财务层面（40%）				内部经营流程层面（15%）		
目　标	指　标	权　重		目　标	指　标	权　重
收益	销售利润率		企业发展愿景与企业发展战略	规划	资金使用	
	净资产收益率				生产能力饱和度	
偿债	资产负债率			经营	生产设备先进度	
	速动比率			质量	ISO9000 认证广告	
运营	应收账款周转率			环境	ISO14000 认证广告	
	存货周转率			新产品	新产品研发及成效	

学习与成长层面（30%）		
目　　标	指　　标	权　　重
培训	模拟企业运营规则	
	专项业务培训	
	业务成熟程度	
团队	总经理组织协调能力	
	年度经营会议决策正确程度	
	销售、生产、采购、财务部门配合程度	
	组织管理创新程度	
成长	经营绩效（清算模式）	
	综合经营绩效（可持续发展模式）	

第 4 年

客户层面（15%）		
目　　标	指　　标	权　　重
满意	按订单准时交货	
	按订单提前交货	
增长	广告投入产出比	
	市场占有率	
	新增市场老大	
保持	市场老大	
	市场排名	

财务层面（40%）				内部经营流程层面（15%）		
目标	指　标	权重		目标	指　标	权重
收益	销售利润率		企业发展愿景	规划	资金使用	
	净资产收益率		与		生产能力饱和度	
偿债	资产负债率		企业发展战略	经营	生产设备先进度	
	速动比率			质量	ISO9000 认证广告	
运营	应收账款周转率			环境	ISO14000 认证广告	
	存货周转率			新产品	新产品研发及成效	

学习与成长层面（30%）		
目　　标	指　　标	权　　重
培训	模拟企业运营规则	
	专项业务培训	
	业务成熟程度	
团队	总经理组织协调能力	
	年度经营会议决策正确程度	
	销售、生产、采购、财务部门配合程度	
	组织管理创新程度	
成长	经营绩效（清算模式）	
	综合经营绩效（可持续发展模式）	

第5年

客户层面（15%）		
目　　标	指　　标	权　　重
满意	按订单准时交货	
	按订单提前交货	
增长	广告投入产出比	
	市场占有率	
	新增市场老大	
保持	市场老大	
	市场排名	

财务层面（40%）				内部经营流程层面（15%）		
目　标	指　标	权　重	企业发展愿景 与 企业发展战略	目　标	指　标	权　重
收益	销售利润率			规划	资金使用	
	净资产收益率				生产能力饱和度	
偿债	资产负债率			经营	生产设备先进度	
	速动比率			质量	ISO9000 认证广告	
运营	应收账款周转率			环境	ISO14000 认证广告	
	存货周转率			新产品	新产品研发及成效	

学习与成长层面（30%）		
目　　标	指　　标	权　　重
培训	模拟企业运营规则	
	专项业务培训	
	业务成熟程度	
团队	总经理组织协调能力	
	年度经营会议决策正确程度	
	销售、生产、采购、财务部门配合程度	
	组织管理创新程度	
成长	经营绩效 （清算模式）	
	综合经营绩效 （可持续发展模式）	

第 6 年

客户层面（15%）		
目　　标	指　　标	权　　重
满意	按订单准时交货	
	按订单提前交货	
增长	广告投入产出比	
	市场占有率	
	新增市场老大	
保持	市场老大	
	市场排名	

财务层面（40%）				内部经营流程层面（15%）		
目　标	指　标	权　重		目　标	指　标	权　重
收益	销售利润率		企业发展愿景 与 企业发展战略	规划	资金使用	
	净资产收益率				生产能力饱和度	
偿债	资产负债率			经营	生产设备先进度	
	速动比率			质量	ISO9000 认证广告	
运营	应收账款周转率			环境	ISO14000 认证广告	
	存货周转率			新产品	新产品研发及成效	

学习与成长层面（30%）		
目　　标	指　　标	权　　重
培训	模拟企业运营规则	
	专项业务培训	
	业务成熟程度	
团队	总经理组织协调能力	
	年度经营会议决策正确程度	
	销售、生产、采购、财务部门配合程度	
	组织管理创新程度	
成长	经营绩效 （清算模式）	
	综合经营绩效 （可持续发展模式）	

第 7 年

客户层面（15%）		
目　标	指　　　标	权　重
满意	按订单准时交货	
	按订单提前交货	
增长	广告投入产出比	
	市场占有率	
	新增市场老大	
保持	市场老大	
	市场排名	

财务层面（40%）				内部经营流程层面（15%）		
目标	指　标	权　重		目标	指　标	权　重
收益	销售利润率		企业发展愿景 与 企业发展战略	规划	资金使用	
	净资产收益率				生产能力饱和度	
偿债	资产负债率			经营	生产设备先进度	
	速动比率			质量	ISO9000 认证广告	
运营	应收账款周转率			环境	ISO14000 认证广告	
	存货周转率			新产品	新产品研发及成效	

学习与成长层面（30%）		
目　标	指　　　标	权　重
培训	模拟企业运营规则	
	专项业务培训	
培训	业务成熟程度	
团队	总经理组织协调能力	
	年度经营会议决策正确程度	
	销售、生产、采购、财务部门配合程度	
	组织管理创新程度	
成长	经营绩效 （清算模式）	
	综合经营绩效 （可持续发展模式）	

第 8 年

客户层面（15%）		
目　　标	指　　标	权　　重
满意	按订单准时交货	
	按订单提前交货	
增长	广告投入产出比	
	市场占有率	
	新增市场老大	
保持	市场老大	
	市场排名	

财务层面（40%）				内部经营流程层面（15%）		
目标	指标	权重		目　　标	指　　标	权重
收益	销售利润率		企业发展愿景与企业发展战略	规划	资金使用	
	净资产收益率				生产能力饱和度	
偿债	资产负债率			经营	生产设备先进度	
	速动比率			质量	ISO9000 认证广告	
运营	应收账款周转率			环境	ISO14000 认证广告	
	存货周转率			新产品	新产品研发及成效	

学习与成长层面（30%）		
目　　标	指　　标	权　　重
培训	模拟企业运营规则	
	专项业务培训	
	业务成熟程度	
团队	总经理组织协调能力	
	年度经营会议决策正确程度	
	销售、生产、采购、财务部门配合程度	
	组织管理创新程度	
成长	经营绩效（清算模式）	
	综合经营绩效（可持续发展模式）	

附表 F　模拟企业经营绩效综合评价表

评 价 项 目	数　量	单 项 分 值	评价指标分值
大厂房			+15
小厂房			+10
手工生产线			+5/条
半自动生产线			+10/条
全自动/柔性线			+15/条
区域市场开发			+10
国内市场开发			+15
亚洲市场开发			+20
国际市场开发			+25
ISO9000			+10
ISO14000			+10
P2 产品开发			+10
P3 产品开发			+10
P4 产品开发			+15
本地市场地位			+15/终结年市场第一
区域市场地位			+15/终结年市场第一
国内市场地位			+15/终结年市场第一
亚洲市场地位			+15/终结年市场第一
国际市场地位			+15/终结年市场第一
得分合计			
高利贷扣分			每贷 20M 扣 5 分，根据经营记录合并计算总扣分
其他扣分			违规舞弊经营，每次扣 5 分； 会计报表不平，每次扣 5 分； 订单或委托加工订单违约，每次扣 5 分
扣分合计			
综合得分（A 值）			
综合评价得分=终结年末所有者权益×（1+A 值/100）×100% –扣分值			

反侵权盗版声明

电子工业出版社依法对本作品享有专有出版权。任何未经权利人书面许可，复制、销售或通过信息网络传播本作品的行为；歪曲、篡改、剽窃本作品的行为，均违反《中华人民共和国著作权法》，其行为人应承担相应的民事责任和行政责任，构成犯罪的，将被依法追究刑事责任。

为了维护市场秩序，保护权利人的合法权益，我社将依法查处和打击侵权盗版的单位和个人。欢迎社会各界人士积极举报侵权盗版行为，本社将奖励举报有功人员，并保证举报人的信息不被泄露。

举报电话：（010）88254396；（010）88258888

传　　真：（010）88254397

E-mail：　dbqq@phei.com.cn

通信地址：北京市海淀区万寿路 173 信箱

　　　　　电子工业出版社总编办公室

邮　　编：100036